페리파토스

— 길이 사라진 시대의 배움과 가르침 —

페리파토스
PERIPATOS

— 해리 김(Harry Kim) 지음 —

더메이커

추천의 글

《페리파토스》는 하나님을 경외하는 신앙과 글로벌 마인드와 매너를 겸비한 글로벌 노마드로 자녀들을 교육하는 실제를 보여준다. _**이성철** 한국

《페리파토스》는 자녀에게 매우 전략적인 시각으로 세상을 보도록 함으로써 자녀들이 풍성한 삶을 누리도록 인도한다. _**권종섭** 캐나다, 워터루

《페리파토스》에는 아들을 두신 분들은 그냥 지나칠 수 없는 꿰어놓은 구슬들이 즐비하다. 그중, 아들이 missional nomad로 세상에 자리잡기를 원하는 분들이라면 꼭 들어야 할 메시지가 있기에 서슴없이 추천한다. 영계와 속계를 거침없이 넘나들며 야전 경험으로 풀어나가는 이야기가 읽는 이들을 사로잡는다. _**김용재** 스페인, 마드리드

호치민에서 여행 중인 Harry Kim과 그 두 아들을 만난 첫 느낌은 '나도 성인이 된 두 아들과 함께 여행을 해봐야지'였다. 이 세상의 모든 부모들에게 일독을 권한다. _**이동철** 베트남 호치민

Harry Kim의 《페리파토스》는 이 험하고 도전직인 세상 한복판에서 어떻게 자녀를 키워야하는지에 대한 귀하고 실제적인 영감을 준다. _**Stephen Lee** 미국, LA

사람은 자신이 경험한 언어 안에서 사고하고 활동하는데, 여행만큼 새롭고 다양한 경험을 할 수 있는 것이 있을까? 귀한 경험의 언어를 아낌없이 나누어주고 있는 Harry Kim에게 감사드립니다. _ **조선화** 브라질, 리오 데 자네이로

《페리파토스》는 나의 소중한 자녀의 미래를 안내해주는 책이며, 넓은 세상에 나아갈 수 있도록 격려하고 사랑해주는 책이며, 읽는 동안 우리 모두의 아버지를 만날 수 있도록 해주는 책이다. _ **Katia Yu** 브라질, 상파울

인생은 자신을 넘어 자손 세대에 흔적으로 남아 평가받고 인정받는 먼 여행이다. 선지자적 삶을 사는 Harry Kim의 《페리파토스》는 우리 모두에게 새로운 세계로 떠나게 하는 용기를 주는 책이다.

_ **문창선** Feed The Children, Korea 대표

부재와 불통의 시대에 이 책은 한줄기 희망을 준다. 이 책은 흔한 여행 안내서 중 하나가 아니라 삶을 안내하는 책이다. _ **송원석** 미국, 앵커리지

이번 여행을 통해서 새로운 사람들을 만나고 새로운 환경을 접했다. 많은 분들의 살아가는 이야기를 보고 들으며 미래의 대한 자신감을 갖게 되었다.

_ **Samuel Kim** 미국, 뉴욕

페리파토스! 멋있는 말이며 시스템이네요. 해리 박사님에게 또 한 수 배울 수 있는 기회가 앞에 보여 흥분됩니다. _ **장재중** 필리핀, 마닐라

2015년 12월에 출간되었던 졸저 《아들아》에 많은 관심을 보내주었던 독자들에게서 두 아들을 키운 이야기를 공개해달라는 요구가 있었다. 저자로서 이 요구에 어떠한 형태로든 응답해야 한다는 부담감이 컸다. 차제에 또 다른 졸저 《페리파토스》를 출간하게 됐다. 이 책을 통해 독자들은 우리 부부의 양육철학과 원칙들을 조금이나마 살필 수 있기를 바란다.

나는 올해 6월부터 7월까지 약 두 달간 26살의 큰아들, 21살의 작은아들과 함께 동남아 8개국을 여행했다. 여행 중 두 아들과 나눈 대화, 만났던 분들과의 이야기, 마주쳤던 상황들을 자녀 교육적 시각에서 쓴 여행기를 페이스북에 연재했다. 마침 이 글을 읽은 〈더메이커〉의 이병일 대표가 책으로 내자고 제안해서 출간을 하게 됐다.

본서의 내용은 1760년 이후 지금까지 진행되고 있는 1~3차 산업혁명 시기에 속하는 정착민적 환경 속에서 이루어져왔던 전통적인 교육방식과는 거리가 멀다. 따라서 이러한 학교교육에 의존하고 있는 부모들에게는 매력적이지 않을 수도 있다.

이 책은 2020년 500만 개의 일자리를 없어지게 하고* 2030년에 이르러서는 20억 개의 일자리를 사라지게 할** 4차산업혁명의시대에 프로랜서*** 노마드(Prolancer nomad)로 살아갈 두 아들을 위한 페리파토스(Peripatos)****적 고찰을 담았다고 할 수 있다.

페리파토스 교육은 고대 그리스에서 선생님과 학생이 함께 걸으며 강의하고 논의한 페리파토스(산책길)에서 유래된 교육으로 세계화가 급속하게 진행되는 21세기에 노마드 인생을 살아갈 부모와 자녀가 함께 이루어가는 효과적인 교육이다. 영어로는 'Peripatetic Education' 또는 'Nomadic Education'이라 부를 수 있을 것이다.

전통적으로 노마드들은 유목을 하며 자녀들에게 전문성, 협업, 야

---

* 세계경제포럼, 2016년 1월
** 토마스 프레이(미래학자)
*** 'Prolancer'는 'Professional' 과 'Freelancer'의 합성어이다.
**** 페리파토스는 소요학파(Peripatos 學派)라 불리며, 아리스토텔레스학파가 이에 속한다.

성, 리더십, 가정 책임지기, 낭만, 재정관리, 건강관리, 갈등처리, 환경변화에 대처하기 등을 총망라하는 페리파토스 교육을 제공해 왔다. 우리 부부는 4차 산업혁명 시대에 믿음과 지성, 그리고 감성과 전문성으로 노마드의 삶을 살아야 하는 두 아들에게 가장 적합한 교육방식을 '21세기 페리파토스'라 정의하고 이를 중심으로 두 아들에게 영성을 포함한 총체적인 양육을 제공했다.

'21세기 페리파토스'는 학교교육의 한계를 극복하려는 홈스쿨링과는 비슷하면서도 궤도를 달리하는 언스쿨링(Unschooling)*이라 할 수 있다. 페리파토스의 목적은 스펙이 아니라 태도며, 개인적이 아니라 공동체적이며, 무기적이 아니라 유기적이다. 이런 이유로 '21세기 페리파토스'에 함께하는 자녀는 모든 이를 주를 섬기듯 섬기며, 모든 일을 주께 하듯 한다. 이렇게 자라난 자녀들이 가정을 히나님이 제정하신 최초의 공동체로 섬기며, 이웃을 하나님의 사랑으로 사랑하며, 일은 소명을 이루는 성직으로 감당하며, 세상에 소금과 빛이 되는 것은 당연하다.

《페리파토스》는 우리부부의 양육철학과 방식일 뿐이다. 그러므로

---

*언스쿨링은 "교과서 위주의 학교 공부 대신 실생활에서의 경험 습득을 중요시하는 홈스쿨링의 일종으로 교사나 정부가 의무로 정한 커리큘럼 대신 학생이 배우고 싶은 것을 배우는 것"이다.(알렉사 클레머외 1인, 또라이들의 시대, ALFRED, 185쪽)

독자들은 이 책을 읽는 동안 비판적 성찰(critical reflection)을 아끼지 말기를 바란다.

차례

제2부 _ 돈을 가르쳐라

제3부_ 전략적 필드 트립

제4부 _ 인생은 테크닉이 아니라 예술이다

> "진정한 탐험의 여정은
> 새로운 시각으로 보는 것에 있다."
>
> (마르셀 프루스트)

　인류 역사상 그 어느 때보다도 대량이주가 활발하게 진행되고 있는 21세기는 정착민이 주도하는 세계라기보다는 삶을 위해 또는 소명을 위해 미지의 영역을 찾아 떠나는 노마드(nomad)가 주도하는 세계이다. 이 노마드는 21세기 이전의 노마드가 아니라 21세기 이후를 살아갈 인류가 그동안 한 번도 만나지 못했던 신인종이며, 이들의 여정 역시 인류가 그동안 한 번도 경험하지 못했던 전혀 새로운 노마드의 여정이다. 대체로 머물기를 좋아하고 자기 영역의 담 쌓기에 집착하는 정착지향적인 이들은 소유는 늘어날지 모르나 시각은 편협해진다. 그러나 여타의 이유로 머묾의 편안함을 거부하는 노마드는 소유와는 무관하게 세상을 관조하는 깊고 넓은 시각을 갖게 된다.

누구라도 자신에게 노마드의 소명이 있음을 인식하는 순간부터 그는 영적 노마드이다. 영적 노마드는 형이상학적 삶의 의미를 찾기 위해 남이 가지 않는 길을 가는 것을 망설이지 않는 탐험가들이다.

영적 노마드에게 이 땅은 본향일 수 없다. 이 땅은 본향에 이르는 미로이자 영혼의 터널이다. 2,000년 전 예수께서 직접 살아 내신 삶을 따름으로써 인생의 미로와 터널을 벗어나 본향에 이를 수 있다. 영적 노마드에게 땅을 마련하고, 철옹성 같은 거처를 짓고, 담을 쌓는 일은 재앙이다. 그래서인가? 인류 역사의 위대한 스승들의 삶은 늘 여정으로 가득 차 있었다.

우리 가족은 여행을 많이 다녔다. 때로는 전 가족이, 어떨 때는 나와 두 아들이, 또 어느 경우엔 나와 큰아들, 나와 작은아들이 함께 여행을 다녔다. 여행하면서 아버지께서 어린 시절 내게 해 주셨던 지혜의 말씀들을 두 아들에게 정확히 전해 주었다. 더불어 영적 노마드서 우리 가족이 감당해야 할 빅 스토리(Big Story)*를 주제로 서로에게 경청하는 시간을 갖기도 하였다. **

---

* 천지를 창조한 신은 인간들에게 자신에 관한 빅 스토리를 주셨다. 우리는 이 땅에서 사는 동안 빅 스토리에 응답하는 삶을 살아야 한다.

** 우리부부에게 딸이 있었으면 분명 '엄마와 여행을 수없이 많이 하도록' 내가 강요했을 것이다. 아버지가 아들에게 반드시 전해 주어야 할 말이 있듯이, 엄마도

인생이 영적 노마드의 길이고 더 나아가 새로운 시스템 건설에 전적으로 헌신하는 사명적 노마드의 길임을 확인할 수 있는 이번 여행은 삼부자가 함께하는 마지막 여행일 것이다. 두 아들이 노마드의 길을 가야할 때에 이르렀으므로, 이제는 아비가 그들의 삶에 끼어들어서는 안 되기 때문이다. 앞으로 두 달 동안 계속될 이 페리파트스 여행은 두 영적 노마드가 빅 스토리를 시작하는 소중한 기회가 될 것이다.

딸에게 반드시 전해 주어야 할 말이 있을 것이기 때문이다. 여행은 부모가 이런 말을 해 줄 수 있는 참으로 좋은 기회이다. 아이들이 부모에게 가장 집중할 때가 함께 여행할 때, 특히 자동차로 여행(road trip)할 때이다.

제1부

안전빵을 거부하라

야성은 끝없이 도전하지만 무모하지는 않다. 야성은 삶의 궁극적인 목적을
달성하고자 하는 역동적인 지성이며, 전략적인 모험이다. 야성은 디지털의
치밀함과 섬세함뿐만 아니라 아날로그의 황당한 모험과 낭만을 같이 가지
고 있다. 야성은 황당하리만큼 위험을 무릅쓰고 달려가도록 해서 자신이 얼
마나 멀리 갈 수 있는지 체득하게 해준다. 그런 후 야성은 그보다 더 멀리 갈
것을 꿈꾸고 실행에 옮기게 한다.

아버지

　　오늘부터(6월 6일) 우리 삼부자의 여행이 시작된다. 두 아들이 정오 무렵인 12시 5분 비행기로 먼저 홍콩으로 가고, 나는 중요한 일정을 끝내고 이틀 후인 8일에 쿤밍(昆明, Kunming)으로 간다. 그리고 6월 10일, 쿤밍에 도착하는 두 아들을 공항에서 만나 두 달간의 여행을 함께할 것이다. 우리 삼부자는 여행을 자주 했다. 큰아들의 기억에 의하면 미국 내의 48주(state)를 다녔고, 캐나다와 남미 그리고 유럽을 여행했다. 두 아들이 한국을 방문했을 때는 함께 등산도 하고 자전거도 탔다. 두 아들에게 아버지와 함께한 기억을 남겨주기 위함이었다.

3년 전, 여름 방학을 맞이하여 두 아들이 귀국했을 때였다. 우리 삼부자는 자전거를 타고 출판단지와 문산을 지나 임진각까지 갔다. 임진강 다리 입구에서 북쪽을 바라보면서 1970년대 말, 임진강 건너 철책과 도라 OP*에서 군 생활 하던 시절의 이야기를 해주었다. 그러다가 37년 전 당시 면회객만이 건널 수 있었던 자유의 다리를 건너 면회 오셨던 어머니 생각에, 또 암 투병 때문에 면회를 오실 수 없으셨던 아버지 생각에 눈물을 흘리지 않을 수 없었다.

4년 전, 아내와 아테네의 폐허를 돌아다니던 이틀 동안, 알 듯 모를 듯한 노래가 귓가에 맴돈 적이 있다. 호텔에 돌아와 인터넷을 검색하여 그 노래가 '황성옛터'인 것을 알게 됐다. 아버지께서 하모니카로 '황성옛터'를 연주하시던 기억이 떠오르면서 화장실에 들어가 엉엉 울었다.

내가 제대하기 5개월 전에 운명하셨던 아버지가 늘 그립다. 나는 아버지와 함께했던 좋은 기억이 넘쳐난다. 낚시, 등산, 캠핑, 집수리, 요리, 아버지의 일터에서 아버지와 같이 일하기 등등 아버지와 함께한 경험이 누구보다 많다. 그래서 아버지와의 관계를 통해 하나

---

* 내가 근무하던 1970년대엔 임진강 건너 민간인출입구역에 도라산 OP(Observational Post, 관측소)가 있었다. 후에 도라산 전망대로 재단장했다. 지금은 예약자에 한해 방문하여 북한 지역을 관찰할 수 있다.

님에 대한 이미지가 형성된다는 소위 '대상관계이론'*이 내게는 정확히 들어맞는다. 물론 아버지에게 믿음에 대한 언어는 듣고 배울 수 없었다. 그러나 하나님이 긍정적, 다정다감, 끝없는 배려 등의 이미지로 내게 다가올 수 있었던 것은 전적으로 아버지 덕분이다. 이점에 나는 늘 아버지께 감사한다. 아이들이 성년이 되어서 '아버지'란 말에 '긍정-친밀한' 이미지를 떠올린다면, 최고의 행복을 누리게 될 것이다. 반대로 아이들이 성년이 되어 '아버지'란 말을 하기 싫어하거나 두려워하여 이를 놓치고 산다면 그것은 곧 인생의 전부를 잃어버린 것이나 마찬가지다.(조지 맥도날드)

아버지는 자녀에게 '무조건 긍정적인 아버지상을 심어주어야 한다.' 이것이야 말로, 최고의 유산인 것이다. 자녀 교육의 최고의 환경은 여행이다. 나는 두 아들에게 '아버지'란 말과 '아버지와 함께한 건강한 기억'을 심어주기 위해 이번 여행을 시작한다.

---

* 대상관계이론(object relations theory)은 정신분석학의 한 분파로서 인격발달에 있어서 유아 초기의 부모와의 관계가 영향을 끼친다고 보는 이론으로, '자기'가 발달하면서 초기의 대상관계인 부모, 특히 어머니와의 관계를 '내재화'(internalization)시키며 이 내재화된 대상관계가 어른이 되었을 때 그 사람의 외부와의 관계형성과 밀접하게 연결된다고 보는 것이다.(이관직, 성경인물의 심리분석, 한국목회상담연구소, 175~176쪽)

영적 노마드는 경쟁하지 않고
경쟁당하지 않는다

　　　　　　내일 떠날 여행의 짐을 꾸리던 중 두 아들로부터 홍콩에서 멋진 여행을 즐기고 있다는 메시지를 받았다. 이 소식에 내 마음이 들뜨면서 지난 시절 두 아들을 양육하던 때가 떠올랐다.

　내가 미국유학을 갔을 당시 큰아들은 두 살이었다. 나이에 비해 말을 조리 있게 잘하던 큰아이가 언어 때문에 현지 적응에 어려움을 겪었던 일, 몇 달이 지나기도 전에 패밀리 식당에서 디저트로 아이스크림을 달라며 처음으로 영어를 사용했던 일, 3년 후 동생이 태어나 두 형제가 함께 미국에 적응해 가던 일 등이 주마등처럼 스쳐갔다.

인생에서는 집중적으로 배워야 할 때와 내용이 있다. 음식을 먹는 법, 배변하는 법, 때가 되면 잠자리에 드는 법, 반드시 해야 할 일을 위해 하고 싶은 것을 참는 법 등이 그것이다. 그뿐만이 아니다. 숫자와 글자, 대인관계예절, 교통질서 및 공공질서 등등, 부모에게서 배워야만 하는 것들이 많다. 하지만 안타깝게도 부모의 삶을 통해 이러한 규칙들을 훈련받지 못한 이들이 많다.

나이가 들어서도 하고픈 일에만 집착하느라 자신의 책임에 무관심한 이들, 부모가 되어서도 아이들을 어떻게 교육시켜야 하는지를 모르고 계속 잔소리만 해대는 이들, 멘토가 없어 비싼 대가를 치루며 인생의 길을 찾는 이들, 정도보다는 꼼수의 길을 가며 다른 이들도 꼼수의 길을 가고 있다고 확신하는 이들, 남이 볼 때와 혼자 있을 때의 행동이 전혀 다른 이들, 실속은 없으면서 요란하기만 한 이들, 자신 이외의 것엔 전혀 무관심한 이들 등등……

다행히 기독교교육을 전공한 엄마로 인해 두 아들은 태어날 때부터 매우 전통적이면서도 시대에 앞선 양육을 받았다. 이는 두 아들의 입장에서 보자면 큰 축복이었다.

두 아들을 경쟁하거나 경쟁당하지 않고 자기만의 길을 가는 성숙한 유일자(the only one)로 키워 세상에 파송하기 위한 우리부부의 양육원칙은 이랬다.

1) 부모의 말에 순종한다. 만 세 살 이전에 훈련하지 않으면, 부모 뿐만 아니라 인생을 살면서 그 누구의 말도 경청하지 않는다. 이 훈련이 되어 있으면, 아이들의 인지능력과 이해능력이 발달 하면서 스스로 알아서 원칙을 지키게 되므로 부모는 굳이 말을 하지 않아도 된다.

2) 남에게 피해를 주지마라. 극장, 식당, 쇼핑몰 등 공공장소에서 소리를 지르거나 뛰지 말라. 남의 물건을 만지고 싶으면 주인 의 허락을 받아라.

3) 해야 할 일에 먼저 집중해라. 지금 하고 싶은 것에만 열중하면, 나중에는 하고 싶지 않은 것만 하고 살아야 한다.

4) 네가 잘 하는 것을 숙달하여 직업으로 삼고, 하고 싶은 것은 삶 이 안정된 후에 마음껏 해라.

5) 경쟁하거나 경쟁당하지 않고 자신만의 길을 가는 유일자가 되 어라. 오늘 통하는 방식이 내일도 통하리라 보장할 수 없는 시 대를 살아가기 위해서는 어제와 오늘의 방식으로 경쟁하거나 경쟁당하지 않는 유일자가 되어야 한다.

6) 너희보다 많은 돈을 가지고 있는 사람을 비난하지 마라. 적은 돈은 노동으로 벌지만, 많은 돈은 리더십과 전략으로 번다. 너희는 선한 리더십과 선한 전략으로 돈 버는 이들을 존경해야 한다.

7) 평생 해야만 하는 일은 '잘하는 것'보다 '해내는 것'이 중요하다. '공부는 잘하는 것보다는 평생 하는 것이 더 중요하다'는 뜻이다.

8) 가난하고 어렵고 힘든 자들을 힘껏 돕고, 선한 일을 하다 고통받거나 희생당한 이들과 그들의 가족에게 고마워하고, 더 나아가 그들의 필요에 민감하게 반응해야 한다.

이번 삼부자 여행은 두 아들이 경쟁하지 않고 경쟁당하지 않는 유일자인 영적 노마드의 삶을 살 수 있는 시각을 제공하고, 올 12월에 졸업하는 큰아들이 노마드로 살고자 거친 세상을 향해 나아갈 때 아비로서 간섭하지 않고 어떻게 섬겨야할지를 모색하는 기회가 될 것이다.

여행은 새로운 시각을
얻는 것이다

6월 8일 저녁. 지난 15년 동안 쿤밍을 오가면서 있었던 일들과 관련된 사람들을 떠올리며 비행기에 몸을 실었다. 중국 윈난 성의 성도로 거대한 호수 뎬츠 호의 북쪽 가장자리에 위치하고 있는 쿤밍의 발전은 중국의 폭풍성장과 궤를 같이 한다. 쿤밍의 발전은 중국 소수민족의 절반에 해당하는 25개 소수민족이 모여 사는 윈난 성에 대한 중국정부의 소수민족 우대 정책에 힘입은 바가 크다. 게다가 윈난 성의 성도인 쿤밍을 남아시아의 최대 관문으로 발전시키려는 중국정부의 의도가 더해지면서 쿤밍은 기형적이라고 불러도 될 만큼 거대한 도시로 성장했다. 그래서 쿤밍은 중국의 다른 지역에 비해 발전의 혜택과 피해가 공존하는 지역이라 할 수 있다.

중국에서 네 번째로 큰 공항인 쿤밍 창수이 공항에 도착해서 마중 나온 사람에게 현지인 사업가들과 사업에 관심이 있는 한인들과의 모임에서 사용하게 될 책들을 미리 전해주었다. 이어 앞으로 10일간 쿤밍과 티베트 일정에 함께하기 위해 고원에서 내려온 서 사장님을 만나 호텔에 짐을 푸니 시간은 자정을 지나고 있었다. 침대에 누웠으나 잠이 오지 않아 이런 저런 생각을 하며 뒤척이다 홍콩을 여행 중인 두 아들을 떠올렸다.

2010년 10월, 샌디에이고를 시작으로 멕시코, LA, 시카고, 뉴욕, 상파울루, 부에노스아이레스에 이르는 두 달간의 여행 중에 두 아들을 보려고 시카고를 불시에 급습하여 아이들을 놀라게 한 적이 있다. 그날이 마침 내 생일이라 당시 14살이던 작은아들이 가사를 쓰고, 큰아들이 곡을 만들어 당시 랩(rap)에 푹 빠져있던 작은아들이 내게 불러주었던 노래가 생각났다.

아버지 생신 축하드려요
말로 하는 것보단 랩이 난 것 같아서
저는 리듬으로 편지를 드려요
이제 본격적으로 랩 좀 할게요

당신은 나에게

나눌 줄 아는 아빠, 베풀 줄 아는 아빠

내가 너무 아파하면 힘을 주는 사람

바람처럼 시원시원한 사람, 키가 작은 대신

마음이 넓은, 오리궁둥이지만 모델 뺨치는 패션 감각과

많이 먹어본 사람만이 갖춘 미각을 가진 아빠

아마 당신을 동물로 표현한다면 하마

아픔을 믿음으로 마셔* like 물먹는 하마

무엇보다 그대는 우리가 사랑하는 아빠

이틀 후면, 현충일 이른 아침 비행기로 홍콩으로 갔던 두 아들과 창수이 공항에서 만나게 된다. 작은아들과는 서로 여행 중에 타국의 공항에서 만난 경우는 없지만, 큰아들과는 세 번째다. 3년 전 마드리드 공항과 2년 전 상파울루 공항, 그리고 이번에는 쿤밍 공항이다. 자기 또래의 그 누구보다 관광을 많이 한 두 아들에게 이번 두 달간의 여행이 수많았던 관광 중의 하나라면 큰 의미가 없을 것이다. 이번 여행의 목적 중 하나는 두 아들에게 인생은 노마드의 길이고, 노마드로서의 삶은 관광객의 시가이 아닌 여행자의 시각에서 시작해야

---

* 2009년 1월, 위암 수술 후 암 투병을 하고 있던 내 모습을 표현한 것 같다.

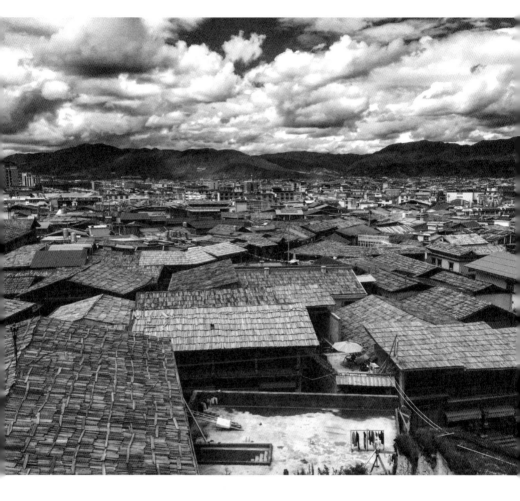

여행자는 새로운 시각을 기대하는 만큼, 자신을 가두고 있는 틀
이 깨지고, 자기 안에 숨어있는 '견고한 허세들'이 파괴될 거라는
'자기 성찰의 설렘'으로 또 다른 여행을 꿈꾼다.

한다는 걸 구체적으로 보여주는 데 있다.

저마다의 이유로 세상 곳곳을 오가는 시대이다. 관광지마다 전 세계에서 온 관광객들로 차고 넘친다. 관광객들은 새로운 경치, 건물 등 많은 풍경들을 보고 새로운 경험을 쌓게 된다. 그들은 관광을 끝낸 후에도 새로운 볼거리와 새로운 경험에 대한 설렘으로 또 다른 관광을 꿈꾼다. 관광의 쌍둥이라 할 수 있는 여행은 어떨까. 여행은 새로운 것들을 보고 경험하는 것에 만족하지 않는다. 여행은 새로운 시각을 얻는 것이 목적이다. 새로운 시각은 우리의 고정된 생각과 습관, 그리고 편견을 파괴한다. 그래서 여행은 우리의 헛된 견고함과 과장된 허세의 부질없음을 여실히 드러나게 하고, 결국 그것들을 해체한다. 이는 여행자가 누릴 수 있는 참 행복이자 특권이다.

여행자는 새로운 시각을 기대하는 만큼, 자신을 가두고 있는 틀이 깨지고, 자기 안에 숨어있는 '견고한 허세들'이 파괴될 거라는 '자기 성찰의 설렘'으로 또 다른 여행을 꿈꾼다. * 이틀 후부터 본격적으로 시작되는 삼부자 여행이 고정관념을 깨뜨리고 참자아를 찾는 여행이 되기를 소망한다.

---

* 우리는 이런 이들을 진정한 노마드라 부른다. 노마드는 참자아가 자기 안에 들어오도록 자기를 기꺼이 내려놓는 과객이다. "노마드(Nomad) 하지 않으면 미친다(mad)"라는 말이 있다. 고정관념에 갇힌 사람은 제 정신을 잃은 사람이나 다름없다.

D 부부

　　오늘(6월 9일) 저녁 이곳 쿤밍의 전통 식당에서 D 부부를 만났다. 삼 년 전 처음 만났을 때, D 부부는 세 번째 아이를 입양 중이었고, 15개월 전에 만났을 때는 네 번째 아이를, 이번에 오니 다섯 번째 아이를 입양한 상태였다.

　　D 부부는 장애를 가지고 가난한 집에서 태어나 의료 혜택을 받을 수 없는 아이들만을 입양하여 키우고 있었다. 지금 세 살인 네 째의 경우는 태어날 때부터 심장병을 앓고 있었다. 작년에 처음 만났을 때는 바짝 마르고 얼굴에 핏기가 없었는데, 그 사이 수술을 받아 몸에 살이 붙고 얼굴에 화색이 도는 건강한 아이가 되어 있었다. 한

살이 채 안 된 다섯째도 두 달 전 구순열 수술을 받고 거의 완치가
된 상태였다.

이렇게 자신의 유전자가 전혀 없는 아이들, 그것도 장애를 지닌
아이들을 성숙한 사랑으로 양육하는 D 부부를 보면 한편으로는 존
경심이 넘쳐흐르고, 다른 한편으로는 내 몸으로 난 자식도 제대로 키
우지 못하는 부끄러움에 몸 둘 곳을 모르게 된다.

D 부부는 규모 있는 회사를 운영하는 성실한 사업가이며, 작지
만 매우 건강한 공동체의 리더이다. 이 공동체의 지체들은 이 세상에
서 가장 행복한 이들일 가능성이 높다. 리더들이 행동으로써 메시지
를 던지기 때문이다.

D 부부가 소수민족의 가난한 가정에서 장애를 갖고 태어난 아이
들을 성숙한 사랑으로 양육하는 데는 분명 성숙한 전략이 있을 것이
다. 나와 D 부부는 자녀를 양육하는 성숙한 전략의 필요에 대해 많
은 대화를 나누었다.

헤어지면서 D 부부는 내게 보이차를 선물했다. 올 4월에 자신들
이 소유한 100년 이상 된 고수차(古樹茶)에서 120킬로그램의 잎을 따
서 전 과정을 수작업으로 만들었단다. 가격이 얼마라도 좋으니 내게
팔 수 있는 만큼 팔라고 하니 자기들이 올해 마시려고 만든 것이라
팔 것이 없다고 했다.

너희가 무엇을 보았느냐

　　두 아들은 6월 10일 오전 9시 5분에 홍콩 공항을 출발하여 오전 11시 25분 창수이 공항에 도착했다. 만나는 순간 두 아들의 몸에서 발산되는 강력한 기를 느꼈다. 역시 여행은 인간에게 강력한 에너지를 제공한다.

　　소수민족 전시장인 쿤밍 시내를 지나 윈난 대학가에 도착했다. 1922년에 개교한 윈난 대학은 120여만 권의 장서를 보유하고 있으며 건물 연면적은 35만 제곱미터, 전임교원 1,600여 명, 학생 2만여 명에 이르는 윈난 성 유일의 종합대학이다.

　　우리는 쌀국수(미셴) 전문식당에서 점심을 먹었다. 그리고 근처의 살바도르 카페로 갔다. 초현실주의 화단의 대표주자인 살바도르 달리(Salvadir Dali) 풍의 이 카페는 내가 15년 전 사업을 하겠다고 쿤밍에 발을 디딘 이후 자주 찾던 곳이다. 특히 커피와 카페 사업과 관련하여 다리(大理)의 독일빵집과 함께 벤치마킹하던 곳이었다. 이 카페의 고객들 대부분은 유럽인과 북미인들이다. 처음 이 카페에 왔을 때도 대부분의 손님이 서양인들이었는데 이들이 중국어에 유창한 것이 놀라웠다. 윈난 성 정부는 윈난 성으로 유학 오는 모든 외국인들을 윈난 대학교에 모아 중국어 교육을 시킨다. 이런 이유로 윈난 대학교에는 세계 각국에서 온 젊은이들로 북적였고, 살바도르 카페는 이들의 아지트가 되었다.

내가 두 아들을 데리고 윈난 대학과 이 카페에 온 이유가 있다. 광활한 중국대륙의 남쪽 끝에 위치한 쿤밍에까지 '무엇인가를 보기 위해 몰려 온' 젊은 노마드들을 보여주기 위함이다. 가나안 정탐을 하고 돌아온 열두 명 중, 여호수아와 갈렙을 제외한 열 명의 보고는 이스라엘 백성의 간담을 서늘하게 했다. 그들이 가나안 땅에서 보았던 거인족 아낙자손과 견고한 성은 가나안 땅을 정복하고자 하는 이스라엘인들에게 절망을 안겨주었다. 그러나 여호수아와 갈렙의 보고는 다른 열 명과 달랐다. 그들에게는 가나안 땅에 이루어질 빅 스토리를 내다보는 거시적인 시각, 즉 믿음이 있었던 것이다.

"하버드 대학교의 윌리엄 제임스 교수는 '믿음이 현실을 만든다.'

라고 말했다. 성경은 '자신이 믿는 대로 이루어진다.'라고 이야기한다. 달리 말해, 우리는 보는 것을 믿는 것이 아니고 믿는 대로 보는 것이다."*

자녀들에게 기도와 성경 읽기, 그리고 교회 출석 등의 종교적 행위만을 보여주기 위해 최선을 다하는 부모들이 있다. 안타깝게도 이러한 종교적 습성을 길러주는 것만으로는 자녀에게 빅 스토리의 시각을 갖게 할 수 없다.

자녀들에게 거시적인 시각**을 갖도록 하기 위해서 부모가 먼저 거시적인 시각을 갖고 빅 스토리를 실현하는 노마드의 삶을 살아야 한다. 이를 보고 자란 자녀들이 거시적 시각을 갖게 되는 것은 당연하다. 부모는 자녀를 여호수아와 갈렙이 되게 할 수는 없지만, 자녀가 여호수아와 갈렙이 지녔던 거시적인 시각을 갖도록 도울 수는 있다.***

여행은 미래를 내다보는 거시적인 시각을 갖게 한다. 이런 이유로 이번 여행의 가치는 그 무엇과 비교할 수 없을 것이다.

"너희가 광야(여행)에서 무엇을 보았느냐?"(예수)

---

* 브라이언 트레이시, 잠들어 있는 성공 시스템을 깨워라, 62쪽.
** 거시적인 시각을 가진 사람은 빅 스토리에 사로잡혀 믿음의 눈으로 세계를 품고 구체적으로 섬기는 비저너리(visionary)형의 실천가들이다.
*** 여행은 자녀에게 이를 보여주고 훈련시킬 수 있는 최적의 기회이다.

할아버지와 대리석

어제(6월 10일) 오후 5시경, 우리 일행은 쿤
밍 중심가에 있는 전통시장에서 박하 향이 강한 전통음식으로 이른
저녁식사를 했다. 이어 승용차를 타고 쿤밍에서 180킬로미터 정도
떨어져 있는 다리(大理)로 출발했다. 우리의 여행을 돕기 위해 고원에
서 7인승 승용차를 12시간 동안 몰고 내려 온 서 사장이 차를 몰았
다. 고속도로에 들어서자 화창했던 날씨가 급변하면서 소나기가 내
리기 시작했다. 소나기는 이내 폭우로 변하더니 늦은 밤 다리에 도착
할 때까지 그치질 않았다.

　지난달 서 사장과 다리에 왔을 때, 다음에 오면 반드시 머물자고

했던 객잔엔 빈방이 없었다. 너무 아쉬워하니 객잔 주인이 직접 근처의 좋은 객잔으로 안내해주었다. 방에 들어가 짐을 풀자, 두 아들은 이내 잠이 들었다. 홍콩에서 새벽 4시에 호텔에서 나와 비행기를 타고 온 탓에 꽤나 피곤했을 것이다.

오늘 아침에 일어나서 창문을 열어보니 비는 계속 내리고 있었다. '구름이 머무는 남쪽(雲南)의 도성'인 다리 고성은 짙은 안개와 가는 비로 흠뻑 젖어들고 있었다. 다리는 윈난성 중서부, 얼하이호(洱海)의 서해안, 창산연봉 동쪽 기슭의 중간 평야에 위치한 바이족*의 중심지로 2,086미터의 고지에 위치해 있다.

장대비 내리는 다리 다리고성

수천 년 이어오는 일상들과 자연

그리고 억겁 우기의

어우러짐 속에서

하나님은

하나님이시다.

---

* 바이족(白族)은 중국 소수민족의 하나로, 2000년 제5차 전국인구조사통계에서 인구 1,858,063명으로 중국정부가 공인하는 56개 소수민족 중 15번째로 인구가 많다.(위키 백과)

내게

기도는 공기를 호흡하는 것이고

영성은 그중에서 산소를 택하는 것이듯

소나기 내리는 천년 고도를

난 기도하고

난 영성한다.

10여 년 전부터 다리는 내 마음 속에 네 가지 이미지로 남아 있다.

첫째, 물고기요리다. 메콩의 근원에 해당하는, 해발 2,000미터 고도의 청정호인 얼하이 호수에서 자란 물고기로 요리한 음식의 맛은 최고다.

둘째, 마늘이다. 면적 249제곱미터, 길이 40킬로미터, 동서 평균 너비 7~8킬로미터, 최대 수심 20.7미터의 얼하이 호수의 퇴적물 덕분에 비옥해진 토지와 해발 4,122미터의 창산에서 흘러나오는 지하수와 광천수의 풍부한 수량, 그리고 바이족의 탁월한 농사 기술이 합쳐져 최고 품질의 마늘이 생산된다. 마늘 수확기에 얼하이 호수를 끼고 국도를 따라 달리다 보면 강한 마늘 향과 주변의 풍경이 어우러져 오직 다리에서만 느낄 수 있는 신비한 분위가 형성된다.

셋째, 다리 고성이다. 구시가(old town)라고도 불리는 다리 고성은 자연경관과 역사문화 유산 그리고 서민적인 밤 문화와 싼 물가 등으로 윈난성에서 가장 유명한 관광지 중 한 곳이다.

마지막으로 대리석이다. 부친께서 대리석 공장을 운영하셨던 관계로 어린 시절부터 대리석에 대한 식견이 제법 있고 관심이 많았기에 다리가 대리석의 원산지라는 사실을 처음 접했을 때에 흥분하지 않을 수 없었다.

아침 식사를 하면서 두 아들에게 다리의 대리석과 우리 가족과의 인연을 얘기해주며, 아버지께서 어린 시절 내게 해주셨던 지혜의 말씀들을 정확히 전해주었다.

> "너희 할아버지는 시골에서 아주 가난한 집에서 자라나셨다. 6·25 전쟁에 참전하시고 제대하시자 서울로 오셔서 자수성가하셨다. 아버지께서 일생을 바쳐 닦은 기반을 딛고 나는 지금 이 자리에 와 있다. 너희도 지금의 나를 딛고 더 나은 사람이 돼야 한다. 그리고 너희들의 자녀들 또한 너희를 딛고 더 나은 세대를 만들어 가야 한다. 한나절이면 얼굴을 뜯어 고칠 수 있는 세상이라지만, 신사와 숙녀가 되려면 3대가 지나야 하고, 신실한 믿음의 가문이 되려면 6대가 지나야 한다. 너희는 신사가 되는 것은 물론 신실한 믿음의 가문을 세워나가야 하지 않겠니……."

전업주부는
가장 위대한 교육자이다

　　6월 12일. 다리에서의 3일째 아침, 비가
줄기차게 내린다. 다리 고성 최고의 빵집인 독일 베이커리로 아침을
먹으러 나가려 하는데 비가 멈추지를 않는다.

　독일 빵집은 내가 이곳에 올 때마다 예외 없이 들르는 곳이다. 내
가 속한 주향한공동체 지체들도 이곳에 오면 빠지지 않고 이곳을 찾
는다. 내가 이 빵집을 좋아하는 이유는 빵과 커피가 맛있어서만은 아
니다. 주인인 독일 할머니 때문이다. 오래 전 이곳에 와 빵집을 운영
하면서 드러나지 않게 이곳 사람들에게 좋은 일을 많이 하신 분이다.

　이곳에서 자동차로 5시간 거리의 티베트*의 고원에 있는 사랑하

는 주향한공동체 지체들이 그리워진다. 지난 3월 28일, 지체 열 명이 (엄마 셋. 0살부터 9살 사이의 아이들 일곱) 3,400미터 고원에 올라가 아직까지 그곳에 머물고 있다. 한 달 전, 위로차 고원을 방문하여 지체들과 함께 이곳 다리로 여행을 왔을 때 독일 빵집에서 아침을 먹으며 대화를 나누던 생각이 나자 울컥해진다.

비는 전혀 그칠 기색이 없다. 오히려 빗줄기가 더 굵고 거세져 쏟아진다. 지난달 지체들과 고원으로 돌아가는 길에 리장(丽江)에 들렀을 때, 내가 좋아하는 차라며 현지인 동업자 M이 챙겨주었던 홍차가 생각난다. 가방에서 홍차를 꺼내 우려 마시며 인터넷 뉴스를 본다. 동아일보 인터넷 판에 〈영국인이 뽑은 가장 행복한 직업… '전업주부'가 1위〉라는 기사가 눈에 띈다.

영국의 한 대형 보험사가 영국 남녀 3,000명을 대상으로 실시한 이번 조사에서, 전업주부(남녀 구분은 없었지만. 대부분은 여성이었다) 일곱 명

---

* 티베트(Tibet)는 중앙아시아에 있는 티베트 고원의 지역으로, 토착 티베트인들의 고향이다. 평균 고도는 약 4,900미터이며, '세계의 지붕'이라고 불린다. 티베트에서 가장 높은 곳은 해발 8,848m의 에베레스트 산이다. 1950년 10월 중국 인민해방군은 티베트를 침공하여 1951년 5월 23일 강제 합병하였다.(위키백과)

중 한 명만이 "내 직업에 만족하지 않는다."라고 답했다. 100점 만점 기준으로 했을 때, 전업주부의 행복도는 87.2점으로 가장 높았다.*

전업주부와 반대의 경우를 살펴보자. 미국의 중산층들은 맞벌이를 하는 부부가 많다. 그래서 일하는 시간에는 자녀들을 탁아소, 유치원, 학교 등의 기관에 위탁하는 경우가 많다. 이렇게 부모와 자식이 함께하는 시간이 부족한 맞벌이 가정은 크게 세 가지 문제를 불러일으켰다. 가정파탄과 자녀들의 탈선 그리고 "80% 이상이 자신에게 적절하지 않은 일을 하며 살도록 하는" 문제였다.** 세계 최고의 실용주의 교육 국가인 미국에서 지금도 벌어지고 있는 참사이다.

너무 많은 중산층 부모들이 일에 매달린다. 애들과 부대끼며 시간을 보내는 것보다 일주일에 40~60시간 일하는 데서 더 쉽게 만족을 얻을 수 있기 때문이다. 규정과 목표가 잘 짜여 있는 조직에 끼어 성공하는 것이 가정을 잘 꾸려나가는 것보다 훨씬 쉽다. 대부분 이런 변명

---

* http://news.donga.com/Main/3/all/20160612/78612376/1
** Daniel Yankelovich의 보고에 다르면 미국 총 노동자의 13%만이 자기의 일에서 의미를 느끼고 있으며, 7,000개 회사의 350,000명의 종업원을 대상으로 조사한 바에 따르면 20%만이 자신의 직업에서 재능을 잘 활용하고 있다고 생각한다고 한다.

42 페 리 파 토 스

을 늘어놓는다. "내가 이렇게 일하는 것은 아이들을 대학에 보내기 위해서예요.", "어서 대출금을 갚아 자식에게 얼마라도 남겨주고 싶어요." 사실 부모가 자식들과 시간을 보내는 것에 비하면 '아이들을 위해' 일하거나 '아이들의 미래를 위해' 돈을 모으는 것, 다시 말해 돈으로 아이들의 사랑을 사는 것은 훨씬 쉬운 일이다. 하지만 아이들이 원하는 것은 유산이 아니다. 아이들은 부모를 원한다. 그것도 나중이 아니라 바로 지금 말이다. (패트)

미국이나 한국이나 왜 부부가, 그리고 가정이 그리 쉽게 병들고 파괴되는가. 성공지상주의(careerism)에 빠져들어 일개미처럼 사는 우리 모두는 이제 정신을 차려야 한다. 성경은 가정 공동체를 희생시키는 개인주의를 결코 찬성하지 않는다. 오히려 가정과 공동체를 위해 자신을 전적으로 희생하라고 명령한다.

부모가 맞벌이 등을 이유로 자녀에게 관심을 소홀히 하는 환경일수록 자녀의 인터넷 중독 성향이 높게 나타났다. 또 결손가정의 청소년에게 부모와의 애착관계가 낮게 나타나는 것으로 볼 때, 불안정한 가족형태가 청소년의 애착형성에 부정적인 영향을 미치는 것으로 밝혀졌다. *

---

* 이영식 교수팀, 메디포뉴스.

나는 남편이든 아내든 한 사람은 반드시 전업주부여야 한다고 주장한다. 우리 부부는 두 아들을 이렇게 키웠고 주향한공동체의 부모들 역시 이렇게 자녀를 양육하고 있다. 가사는 단지 집안일만을 의미하지 않는다. 자녀에게 일상의 지혜를 전수하고, 가정의 소중함을 보여주는 것도 모두 가사에 포함된다. 가사를 무시하는 부모 아래서 자라난 아이의 미래가 어떨지는 굳이 보지 않아도 알 수 있다.

영국에서 전업주부가 가장 행복한 직업 1위라는 기사는 집에서 자녀를 키우는 일이 얼마나 소중한 사명인지를 우리에게 확인시켜 주고 있다.

돈을 많이 벌어 아이에게 최고의 양육 환경을 제공하다는 명분아래 아이와 함께하는 소중한 시간을 일하는 데 소비하는 것은 성경의 가르침과는 아무 관련이 없다. 더불어 부모의 자아실현을 위해 가족공동체에 대한 헌신(희생)을 회피하는 것 역시 바람직하지 않다. 이런 의미에서 전업으로 자녀를 돌보는 부모야말로 가장 지혜롭고 위대한 교육자라 할 수 있다.

그리스도인들은 가정을 회복하는 일에 최선을 다하겠노라고 다짐한다. 그러나 실생활에서는 이야기가 달라진다. 어린이집이나 보육시설에 자녀 양육을 일임한 채, 더 많은 수입을 올리기 위해 맞벌이에 나서는 부부가 한둘이 아니다. 이것이 진정한 기독교인가?(빌 하이벨스)

비는 축복이다

6월 13일. 어제 오전 다리를 출발한 우리는 폭포처럼 쏟아지는 빗속을 달려 해발 2,700미터의 리장에 도착했다. 동방의 베니스라 불리는 수로의 도시 리장은 모계 중심의 일처다부제 전통을 가지고 있는 나시족(Nahsi)의 거점이다. 리장은 현존하는 세계 유일의 상형문자인 동파문자를* 쉽게 접할 수 있는 곳으로 중

---

* 동파문자(Dongba symbols)는 중국 운남성의 나시족이 사용하는 상형문자이다. 한자를 빼면, 천년이 넘는 역사를 지니고 있고 현재도 쓰이고 있는 단 하나의 상형문자이다. 문자 모양이 나타내고자 하는 사물의 본 모습과 비슷하여 그림문자에 가까운 특징을 보여 준다. (위키백과)

국인들이 가장 선호하는 관광지 중 하나이다.

이곳에서 스몰 비즈니스를 해보려는 목적으로 수 없이 드나들면서 알게 된 현지인들이 있다. 이곳에 올 때마다 이분들을 만나는 것이 내게는 기쁨이다. 이들과 어울려 다니던 식당을 찾아가는 즐거움 또한 대단하다.

리장에 오면 반드시 들르는 나시족 전통 음식점에서 나시족 음식으로 점심을 먹고, 소성의 한 호텔에 짐을 풀었다. 잠시 휴식을 취하는 동안 한국에서 가져 온 몇 가지 차 중에서 보이차를 택해 우려 마셨다. 차를 즐겨 마시는 나는 집을 떠날 때 설연화차, 우엉차, 우롱차, 고수차, 노수차, 보이차, 홍차, 흑차 등을 다기와 함께 넣어 다닌다.

대략 30분 후 서 사장이 빌려 온 마차를 타고 온통 공사 중인 소성을 한 바퀴 돌았다. 우연히 옥장사를 하는 P를 발견하곤 마차를 세워 반갑게 포옹을 했다. P의 외동아들 S가 2년 전 한국에 왔을 때 우리 집에서 하룻밤을 머물기도 했다.

"S는 장가들었나요?"

"아니요, 아직……."

P는 며느리를 위해 모든 것을 준비해놨으니 몸만 오면 된다면서 제발 며느릿감을 소개해달라고 간청을 했다. 나는 이 간청을 몇 년째 듣고 있다.

이어 M의 가게를 찾아가 그곳에서 일하는 지인들을 만나 M이 재배한 홍차를 마시면서 많은 대화를 나누었다. M은 없었다. 지난달 이곳에 들렀을 때는 아들 졸업식 참석을 위해 미국에 간다고 했는데, 그때 가서 아직 돌아오지 않았다고 한다. 내 아들들에 대해 큰 관심을 가지고 보고 싶어 하는 M이 리장에 있었다면 아마 두 아들은 황태자 대접을 받았을 것이 틀림없다.

호텔로 돌아와 잠을 청했다. 밤새 비가 내렸고, 난 그 비를 진심으로 반겨주었다. 비는 우리를 향한 하나님의 사랑이 실제적으로 발산되는 것이다. 비로 인해 하나님의 모든 피조물들은 생명을 유지하고 DNA를 퍼트린다. 코수케 코야마* 의 역저인《물소신학(Water Buffalo Theology)》에 의하면 계절풍인 몬순(Monsoon)이 여름에 가져오는 열대성 비 덕분에 농사지으며 살아가는 태국의 농부들에게 비는 하나님의 축복이자 사랑인 것이다. 지금 티베트 고원에 내리고 있는 비는 올 7월쯤 나오는 자연 송이의 대풍을 가져온다. 작년 이맘 때 비가 거의 내리지 않아 고원 전체에서 송이를 발견하기가 힘들어 한 해 동안 살림이 어려웠던 고원의 사람들에게 지금의 이 비는 희망이자 축

---

* 코수케 코야마(Kosuke Koyoma)는 1929년 일본에서 태어났으며 1961년부터 1969년까지 태국에서 선교사로, 태국연합신학교에서 교수로 일하다가 1974년에《물소신학》을 발표했으며 1980년 이후에는 미국 뉴욕의 유니온 신학교에서 가르쳤다.

복인 것이다.

하나님은 이렇게 비를 통해 우리를 향한 당신의 사랑을 구체적이고도 실제적으로 발산하신다. 본질의 자연스런 발산이 권위이다. 하나님의 본질은 사랑이다. 그러므로 비는 하나님의 사랑이자 권위이다. 이 비를 은혜로 받아들이는 이들에게 하늘의 복이 크게 임할 것이다.

몬순이 '자연의 비'를 몰고 와 이 땅을 풍요롭게 한다면, 부모의 기도의 눈물(기도의 비)은 자녀의 영혼을 바른 길로 인도하며, '성령의 비'는 이 땅의 모든 성도들을 은혜의 삶으로 인도한다.

누구에게나 '자연의 비'가 필요하듯 자녀에게는 부모의 '기도의 비'가 필요하고 성도에게는 '성령의 비'가 필요하다. 이 세 개의 비를 다 맞으며 사는 이는 만사형통을 누리는 사람이다.

안전빵을 거부하라

세상에서 가장 해로운 빵은
'안전빵'이다.

이 빵은
네 영혼을 부패시킨다.

네 영혼이 썩으면
네 도전정신과 창의력이 고갈되어

너는 평생

거지근성에서 벗어날 수 없다.

아들아,

맛없는 풀빵을 먹어도 좋으니

안전빵은 무조건 거부해라. *

    어제(6월 13일) 오전 고원에 있는 지체들에게 줄 선물로 망고 100개를 사서 차에 싣고 리장을 출발한 우리는 자동차로 네 시간을 달려 고도 3,400미터의 샹그릴라(Shangri-La)에 도착했다.

    샹그릴라는 제임스 힐튼이 쓴 《잃어버린 지평선(Lost Horizon, 1933)》이라는 작품에 나오는 가공의 장소이다. 샹그릴라는 소설 속에서 쿤룬(Kunlun)산맥의 서쪽 끝자락에 숨어있는 신비롭고 평화로운 계곡, 영원한 행복을 누릴 수 있고 외부로부터 단절된 유토피아로 묘사되었다. 소설이 대중적인 인기를 얻고 시간이 흐르면서 이 말은 지상의 어딘가에 존재하는 낙원을 가리키는 보통명사가 되었다.

---

* Harry Kim, 아들아, 성안당, 200쪽.

샹그릴라 사람들은 평균적인 수명을 훨씬 뛰어넘어 거의 불사(不死)의 삶을 살 수 있다고 한다. 이 말은 상상에서 우러난 동양에 대한 이국적 호기심을 담고 있다. …… 중국정부는 윈난 성의 중뎬(中甸)을 2001년 샹그릴라(香格里拉)라고 개명하여 국제적인 관광도시로 개발하고 있다. (위키백과)

한 달 만에 다시 찾은 이곳에는 중국 각 지역에서 온 창업자들과 전 세계에서 온 관광객들, 그리고 극소수의 외국인 사업가들로 북적이고 있다. 이러한 북적임을 만들어내는 사람들은 크게 두 가지 부류로 나누어 볼 수 있다. 바로 안전빵에 집착하는 이들과 안전빵을 거부하는 영적 노마드들이다. 이곳은 거주민 대비 세계에서 가장 많은 창의적 노마드들로 넘쳐나는 곳 중 하나일 것이다.

전통적으로 노마드란 '중앙아시아나 몽골, 사하라 등의 사막 지역에서 가축에게 먹일 물과 풀밭을 찾아 주기적으로 유랑하는 부족'을 말하지만 오늘날에는 여러 유형의 노마드가 있다.

1) 일자리 노마드(Job nomad)

우리나라를 중심으로 볼 때, 일자리를 찾아 지구의 서쪽(후진국)에서 동쪽(선진국)으로 움직이는 단순 노동자가 대부분이다.

2) 전문직 노마드(Professional nomad)

자신들의 전문성을 필요로 하는 곳으로 이동하여 일자리 노마드들이 상상할 수 없는 고액을 받고 일하는 이들이다. 일자리 노마드들과는 반대로 선진국에서 후진국으로 움직인다.

3) 디지털 노마드(Digital nomad)

스마트폰, 노트북 등의 각종 디지털 장비로 무장한 채 자유로운 공간에서 일하는 이들이다. 시스템에 속한 직장인으로서의 삶을 과감히 포기하고, 여행을 하거나 취미 생활을 즐기면서 일하는 프리랜서 노마드이다.

4) 프로랜서 노마드(Prolancer nomad)

시스템의 통제를 받고 일하는 일자리 노마드와 전문직 노마드와는 다른 프리랜서로서 직접 시스템을 통제하는 전문가(professional)를 말한다. 대표적으로 한국 축구대표팀을 맡았던 히딩크 감독이 있다.

5) 영적 노마드(Spiritual nomad)

형이상학적 삶의 의미를 찾기 위해 기존의 시스템을 떠나 새로운 시스템을 찾아 유랑하는 이들이다. 남이 가지 않는 길을 가는 것을 서슴지 않는 탐험가들이다. 모두가 동쪽으로 갈 때 서쪽으로 갔던 콜

여행은 편협했던 시각을 깨트려 겸손하고 객관적인 시각을 갖
게 한다. 객관적인 시각을 갖게 되면, 자신에게 내재되어 있던
창의력이 용솟음치고 창의력을 실행할 수 있는 야성의 불꽃이
점화된다.

럼버스처럼 말이다.

6) 사명적 노마드(Missional nomad)

영적 노마드들 중에서 새로운 시스템 건설에 전적으로 헌신하는
이들이다.

두 아들은 이곳에서 닷새를 머물면서 세상에서 가장 해로운 빵인
'안전빵'을 단호히 거부하고, 맛없는 풀빵을 먹는 한이 있어도 인생을
창의적으로 살고 있는 야성의 노마드들을 만나게 될 것이다. 나는 두
아들이 이들을 만나 어떻게 대화를 풀어가며, 어떤 말을 경청하는지
를 관찰하여 두 아들이 펼쳐 나갈 창의적인 미래에 주저 없이 도전
하도록 격려할 예정이다.

여행은 편협했던 시각을 깨트려 겸손하고 객관적인 시각을 갖게
한다. 객관적인 시각을 갖게 되면, 자신에게 내재되어 있던 창의력이
용솟음치고 창의력을 실행할 수 있는 야성의 불꽃이 점화된다.

야성은 끝없이 도전하지만 무모하지는 않다. 야성은 삶의 궁극적
인 목적을 달성하고자 하는 역동적인 지성이며, 전략적인 모험이다.
야성은 디지털의 치밀함과 섬세함뿐만 아니라 아날로그의 황당한 모
험과 낭만을 같이 가지고 있다. 야성은 황당하리만큼 위험을 무릅쓰고
달려가도록 해서 자신이 얼마나 멀리 갈 수 있는지 체득하게 해준다.

그런 후 야성은 그보다 더 멀리 갈 것을 꿈꾸고 실행에 옮기게 한다.

진정한 야성은 우리 안의 신실함을 되찾아 어두운 세상에 신실함의 빛을 비추는 것이다. 참 야성은 자신의 몸을 불살라 어두운 곳에 빛으로 다가가는 삶이며 죄악의 세상에서 소금처럼 자신을 녹여 부패를 막는 삶이다. 이것이 야성의 진면목이다.

나는 두 아들에게 '착해라', '공부 잘해라', '예의 바르라' 등의 이야기를 해본 적이 없다. 두 아들에게 늘 해준 이야기는 "무슨 일이든 창의적인 콘셉트를 잡고 이것을 이루기 위한 삶에 전략적으로 집중하라."이다.

사람이 주는 음식에 길들여진 야생동물은 더 이상 야생에서 살아갈 수 없다. 먹이를 구하는 방법을 잊어버리기 때문이다. 마찬가지로 자녀가 어려운 상황에 처해 있다고 해서 안전빵을 주는 것은 오히려 자녀를 죽음으로 내모는 것이다. 창의적인 이들이 야성을 상실한다는 것은 곧 죽음을 의미한다. 자녀들이 안전빵에 중독되어 틀에 박힌 일이 주는 따분함을 받아들이는 삶을 살게 하기보다는, 쉰 빵을 먹더라도 안정이라는 궤도를 이탈하여 남들이 하지 않는 일을 저지르는 삶을 살도록 하는 것이 부모의 참사명이다. 깨어있는 부모라면 자녀가 기존의 시스템 안에서 안전빵을 먹는 것으로 만족해서는 안 된다. 이는 시스템 안으로 도피케 하는 것이다.

인간이 부패한 자아를 감추기 위해 몸부림 친 역사를 한마디로 정의하자면 '도피'라 할 수 있다. 인간은 다양한 도피를 즐겨왔다. 그중에 시스템으로의 도피가 있다. 모든 것이 완비–구축된 시스템 속에서 안전함을 느끼기 때문이다. 그러나 시스템 속에 갇혀 있으면 도전정신도, 개척정신도, 야성도 상실하게 된다. 이런 사람들은 오로지 시스템 안에서 최선을 다하고 그 안에서 지위가 높아지는 것에만 집착한다.

시스템에 안주하는 사람들은 서서히 끓어오르는 주전자 속에서 죽음이 임박한지도 모르고 헤엄치는 개구리와 같다. 우리는 야성이 타성으로, 창조성이 모방으로 변질되는 시스템 속의 삶을 경계해야 한다.

더불어 우리가 속한 모든 시스템을 냉정하게 분석해야 한다. 국가, 사회, 학교, 교회, 직장, 가정…… 이것들이 우리에게 안전제공을 빌미로 도전정신과 야성을 사장시키고 있다면 이를 거부해야 한다.

참으로 깨어있는 부모라면 자녀를 시스템 밖을 개척하는 사명적 노마드가 되게 해야 한다. 이를 위해서 부모는 안정을 보장하는 시스템을 거부할 수 있는 결단력을 자녀에게 심어주어야 한다. *

---

* "소위 하위 직종에서 시키는 대로 틀에 박힌 일을 하는 이들이 상위 직종의 창의적인 일을 하는 이들보다 병에 걸릴 확률이 높다. 틀에 박힌 일이 주는 따분함 때문에 고통을 받기 때문이다. 반대로 자기 자신이 쓸모 있는 존재라고 느끼는 사람들은 병에 걸리거나 쇠약해지지 않는다."(디펙 초프라)

무형의 유산을 남겨야 한다

　　6월 15일. 이곳 고원에 올라와 두 아들과 함께하니 정말 행복하다. 무슨 일이 있어도 여행 내내 두 아들과 함께할 것이다. 이는 내게도 최고의 행복이지만, 두 아들에게도 유익함이 있기 때문이다.

　　무엇보다도 아버지와 "독서, 여행 등 재미있고 가치 있는 시간을 많이 보낸 사람들은 그렇지 못한 사람들보다 IQ가 더 높고 신분 상

---

*영국 뉴캐슬 대학의 연구진들에 의하면 아버지의 적극적인 양육 태도가 자녀의 장래에 좋은 영향을 미칠 수 있다고 한다. (텔레그라프지)

승 능력이 더 크다."* 또 아버지의 일상(일터와 가정, 교회)에 늘 함께하는 사내아이들은 아버지의 믿음, 사회성, 갈등처리, 야성, 전문성, 리더십, 돈 관리, 낭만 등을 직접 보고 배우며 성장한다.

아들에게 아버지의 일상에 함께하는 것만한 전인격적 교육은 세상에 존재하지 않는다. 이런 이유로 나는 두 아들과 함께할 수 있는 시간과 여행이라면 제아무리 돈과 시간이 많이 들어도 아끼질 않는다. 이는 자녀의 성공과 행복을 가장 확실하게 보장하는 투자이자 부모가 자녀에게 줄 수 있는 최고의 유산이기 때문이다.

유산에는 두 종류가 있다. 돈과 부동산은 유형의 유산이고 자녀와 함께하는 페리파토스는 무형의 유산이다.

1) 무형의 유산 없이 유형의 유산만 남겨주는 부모들이 있다. 이는 자녀의 실패 확률을 높이는 작용을 할 것이다.

2) 유형의 유산을 남겨주지 못하더라도 자녀와 함께하는 내내 무형의 유산을 남겨주고 있다면 당신은 성공한 부모이다.

3) 자녀에게 무형의 유산을 전해주는 이는 누구라도 가장 위대한 부모이며 이런 부모의 자녀는 최고의 복을 누리는 행운아이다.

여행만큼 자녀에게 무형의 유산을 집중적으로 전수해줄 수 있는 일은 드물다. 언제라도 자녀와 전략적인 여행을 떠날 수 있다면 하루하루가 얼마나 신나고 행복하겠는가! 부모는 반드시 자녀에게 무형의 유산을 남겨주어야 한다.

자녀 양육에 필요한
여섯 가지 능력

양육은 자녀에게 선한 영향력을 끼치는 행위다. 자녀가 부모의 품을 떠나도, 또 부모가 이 세상을 떠난 후에도 부모의 교육은 자녀에게 영향을 준다. 자녀가 빅 스토리를 실현하는 사명적 노마드로 살아가도록 하기 위해 부모에게는 다음과 같은 여섯 가지 능력이 필요하다.

첫째는 실력이다. 가족의 생계를 위해 또 선한 영향력을 끼치기 위해 필요한 능력이다.

둘째는 매력이다. 자녀가 부모의 말을 경청하고 집중하게 하는 능력을 말한다.

셋째는 포용력(包容力)이다. 자녀의 경청과 집중을 자신에게 계속 머물게 하면서 전인격적인 양육으로 '영적 노마드'로 키우는 능력이다.

넷째는 파송력(派送力)이다. 자녀를 '영적 노마드'로 키워 세상에 파송하는 능력이다.

다섯째는 나력(裸力)이다. 이는 멋지고 성숙하게 늙어가는 부모의 능력을 말한다. 자녀는 부모가 늙어가는 모습을 따라 늙어간다. 부모가 어떻게 늙느냐에 따라 자녀의 노년이 결정된다. 그러므로 부모는 자녀를 키울 때뿐만 아니라 자녀를 떠나보낸 후에도 멋지고 성숙하게 늙어야 한다.

마지막으로 영력(靈力)이다. 자기의 능력으로 인기를 얻고, 사람을 품고, 보낸 것은 영력이 아니다. 자기의 능력으로 멋지게 늙는 것 또한 영력이 아니다. 한마디로 자신의 노력으로 쌓아올린 모든 것이 영력이 아니다. 영력은 주 안에서 자신의 모든 것이 영(zero)이 되게 하는 능력이다.

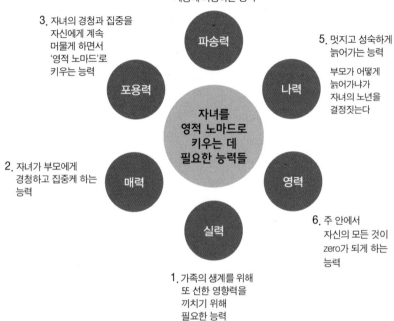

4. 자녀를 '영적 노마드'로 키워
   세상에 파송하는 능력

3. 자녀의 경청과 집중을
   자신에게 계속
   머물게 하면서
   '영적 노마드'로
   키우는 능력

파송력

5. 멋지고 성숙하게
   늙어가는 능력

   부모가 어떻게
   늙어가나가
   자녀의 노년을
   결정짓는다

포용력

나력

**자녀를
영적 노마드로
키우는 데
필요한 능력들**

2. 자녀가 부모에게
   경청하고 집중케 하는
   능력

매력

영력

실력

6. 주 안에서
   자신의 모든 것이
   zero가 되게 하는
   능력

1. 가족의 생계를 위해
   또 선한 영향력을
   끼치기 위해
   필요한 능력

양육비 회수

　　6월 16일. 여행 중 큰아들은 틈틈이 번역을 한다. 오늘은 오전 내내 우리나라의 여관이나 하숙집에 해당하는 객잔(客棧)에서 번역 중이다. 큰아들은 아홉 살 때부터 내게 번역 훈련을 받았다. 내 훈련방법은 매우 간단했다. 한국책을 몇 장 복사해주면서 영어로, 또 영어책을 몇 장 복사해주면서 한국어로 번역하도록 했다. 간간히 영어책 수십 쪽을 외우게 하는 일도 시켰지만 투덜대지 않고 잘 해냈던 큰아들은 두 나라 말과 글을 자유자재로 구사한다.

　　큰아들은 고등학교 졸업 이후 번역으로 재정적 독립을 했고, 이를 보고 자란 작은아들 역시 대학에 들어가면서 재정적인 독립을 했다.

두 아들의 재정 독립과 관련하여 우리 가족이 철저히 지키는 세 가지 원칙이 있다. 하나는 '저비용 고효율'의 원칙이다. 우리 가족은 늘 이 원칙을 지키고 살아왔기 때문에서 몸에 배어 있다. 또 하나의 원칙은 'no 헛돈, no 공돈'으로 어떠한 일이 있어도 헛돈은 쓰지 말고 공돈은 주지도 받지도 말자이다. 마지막 원칙은 '투자비 회수'이다.

우리 부부는 두 아들에게 세뱃돈을 준 기억이 없다. 아이들에게 공돈이나, 쉽게 버는 돈, 용돈 등을 주어서 어릴 적부터 대가없이 얻는 돈맛에 중독되게 해서는 절대로 안 된다는 이유에서다. *

두 아들이 일등을 했다거나 성적이 급상승했다는 이유로 돈을 준 적도 없다. 또 착한 일을 했다는 이유로 돈을 준 경우도 없다. 그것은 자기들이 당연히 할 일이지, 돈이라는 보상과 관계된 일은 아니기 때문이다.

나는 아이들에게 용돈과 공돈을 안 주었지만, 신성한 노동의 대가로서의 돈 버는 방법을 가르쳐주는 데에는 그 누구보다 전략적이고 열성적이었다.

---

* 세배는 어른에 대한 사랑과 존경의 표현이다. 그러므로 진정으로 존경하는 분에게 세배를 하는 경우, 이 험난한 시대에 진정으로 존경하는 어른이 계시다는 감격을 마음껏 누려야 한다. 부모의 입장에서 세배는 하나님과 사람들 앞에서 자녀를 어떻게 잘 양육했는가를 확인하는 시간이다. 자녀의 입장에서 세배는 한 해 동안 부모님께 받은 사랑과 고마움, 그리고 부모님만이 주실 수 있는 아낌없는 사랑에 대해 감사함을 표하는 시간이다.

난 자식들뿐만 아니라 그 누구에게도 공돈을 주지 않는다. 물론 오지 선교사의 꼬맹이 자녀들이나 미자립 교회의 가난한 목사의 자녀들에게 푼돈 정도의 용돈을 주는 경우는 간혹 있다. 그러나 지난 15년 이상 매우 가난한 나라들에서 현지인들과 스몰 비즈니스를 하면서도, 또 현지 선교사와 비즈니스 선교를 동업하면서도 'no 공돈', '투자비 회수' 원칙을 고수하고 있다.

투자비 회수의 원칙에서 두 아들도 예외는 아니다. 학비가 모자라는 경우 두 아들에게 빌려줄 수는 있지만 이 돈은 반드시 내가 아닌 엄마에게 갚아야 한다.(이는 우리나라 여성이 남성보다 평균 8년 정도 더 살고, 내가 아내보다 8살이 많아서 아내가 16년을 홀로 살아야 할 가능성이 높기 때문이다) 물론 그간의 양육비도 회수한다. 양육비 회수는 자기들이 먹고 살만한 여유가 있을 때부터 시작하되, 의무가 아닌 기쁨으로 돌려줄 때만 받기로 했다.

큰아들이 태어나 25년이 지난 올해 1월부터 첫 양육비가 회수되었다. 큰아들이 자원하여 조금씩이라도 송금하겠다고 한 것이다. "학생 신분에 아직은 그럴 필요가 없으니 천천히 하라"고 말했지만, 큰아들 왈 "돈을 모아 큰돈으로 보낼 형편은 안 되니 일단 생기는 대로 조금씩 떼어서 보내려 합니다." 큰아들에게는 비교적 고액을 받는 번역일이 많이 생긴다고 한다. 그중 공부에 방해받지 않을 정도의 번역만 한다. 작년 성탄절과 연말연시 방학 3주간에 텅 빈 기숙사에

홀로 남아 번역을 했는데 수입이 제법 생겨 그중 일부를 감사한 마음으로 갚았던 것이다. 우리 부부가 두 아들에게 어릴 때부터 감사한 마음으로 하는 자발적 (양육비) 회수의 원칙을 가르친 것은 부모를 공경하는 마음이 인생을 성숙하게 확장시켜 나가는 데 매우 중요하다고 확신했기 때문이다.

자기 외에 모든 사람을 자신의 욕구를 채워주는 수단으로만 알고 자라던 아이들이 최초로 존중하게 되는 타인이 바로 부모이다. 이런 이유로 "부모를 공경하라는 계명은 부모뿐만 아니라 주위에 있는 모든 사람들과 어떻게 관계를 맺어야 하는지 그 원칙을 가르쳐주는 최초의 약도이다"(다니엘 라핀) 아이들이 부모를 공경하도록 가르칠 때는 구체적으로, 철저히 하도록 가르쳐야 한다. 이렇게 훈련된 자녀는 타인과 자연스럽게 성숙한 관계를 맺을 수 있다. 건강과 성공과 행복의 85%가 성숙한 관계에 달려있다는 점을 생각할 때 성숙한 관계를 맺으며 자라는 아이의 미래는 당연히 희망적이지 않겠는가.

무형의 선물과
유형의 선물

　　　　　　6월 17일, 오늘 저녁 나 홀로 13시간 동
안 심야침대버스를 타고 쿤밍으로 내려간다. 샹그릴라 고원은 고도
3,000미터 이상인 산악지역이라 지금 같은 우기에는 습기를 가득 머
금은 상승기류 때문에 이른 아침에 출발하는 비행기의 경우 정상 운
항이 매우 불확실하다. 6년 전 이곳 고원에서 출발이 지연되는 바람
에 쿤밍에서 연결되는 귀국편을 못 타 이틀을 고생한 경험이 있다.
이런 이유로 내일 점심에 쿤밍에서 예정된 중요한 미팅에 시간을 맞
추기 위해서 오늘 심야침대버스를 타고 이동하기로 한 것이다. 오후
5시 30분 쿤밍행 버스를 타기 위해 버스터미널로 향하면서 서 사장

의 아이들에게 마음의 선물로 용돈을 주었다. 다들 기쁜 마음으로 받았다. 이곳에 올 때마다 아이들에게 용돈을 주어왔다. 처음에는 안 받으려고 했지만, 기쁨으로 감사하며 받으라고 훈련을 시켜 와서, 지금은 선물이나 용돈을 주면 기뻐하고 감사하며 받는다. 자녀를 키우는 데 있어 선물은 매우 중요하다. 선물에는 보이는 선물과 보이지 않는 선물이 있다. 부모는 자녀에게 보이는 선물도 주어야 하지만 보이지 않는 선물을 주는 데 더 적극적이어야 한다. 보이지 않는 최고의 선물은 '사랑한다'는 말이고, 그 다음은 '너는 무엇이든 할 수 있다'는 말이다.

몇 년 전 미국의 주요 일간 신문사 중 하나인 〈시카고 트리뷴(Chicago Tribune)〉지는 5월 19일 '아버지의 날'에 즈음하여 '좋은 아빠가 되기 위한 열두 가지 방법'을 제시했는데, 이것들은 보이지 않는 선물의 좋은 예라 할 수 있다.

1) **함께있기** : 가능한 한 많은 시간을 자녀 곁에 있어 주기. 시간의 질 보다는 같이 보내는 시간의 양이 더 중요하다. 가족과 신앙과 친구들에게 최소한의 시간을 헌신하면서도, 시간의 양이 아니라 그 질로 헌신한다고 변명하는 이들이 있다. 이를 "quality, not quantity trap"이라 부른다. 관계에 있어서 많은 시간을 투자하지 않고서는 건강한 관계가 형성될 수 없다. (켄 엘드레드)

2) 자녀와 함께 집중하기 : 아이들이 잘하는 것을 지켜봐주고 관심 있어 하는 것을 함께 즐기며 집중하라.

3) 롤모델 되기 : 이들은 아빠를 보며 아빠를 배우고 딸은 엄마를 보며 엄마를 배운다.

4) 애정 표현하기 : 표현하지 않는 사랑은 의미가 없다. 아이에게 사랑하고 있음을 이야기 해주고 애정을 적극적으로 표현하라.

5) 공평하기 : 아이는 물론 자신에게 책임감 있는 기준을 세우고 지속적으로 지키기 위해 노력하라.

6) 놀아주기 : 아이 눈높이에 맞추어 놀아주는 일은 아이와 얼마만큼 실제적으로 교류하고 있는지를 보여주는 지표가 된다. 체면에 신경 쓰지 말고 아이를 행복하게 해주라.

7) 존중하기 : 자녀를 존중하라. 자녀들의 걱정과 불만과 의견을 진지하게 들어주고, 인격적으로 대우하라.

8) 부모의 권위를 지키기 : 잔소리 하지 마라. 부모의 말이 잔소리로 들리는 순간부터 불효는 시작된다. 자녀의 말을 끝까지 경청하되 자녀가 바른 방향으로 나가도록 단호하게 설명하라. 자녀와의 약속은 반드시 지켜라.

9) 인내하기 : 부모는 어떤 일이 있어도 자녀가 스스로 깨닫기까지 기다리며 인내해야 한다.

10) 지지해주기 : 자녀의 꿈과 재능을 적극적으로 격려하고 지지

해주라.

11) 품위 지키기 : 어떤 상황에서도 자녀에게 예의를 지켜야 한다. 고운 말을 사용하며 바르게 행동하라.

12) 술 취하지 않기 : 술에 취한 모습은 아빠의 모든 이미지를 한 꺼번에 깨뜨려버릴 수 있다.

유형의 선물을 주는 경우라면 적당한 수준의 것을 주어야 한다. 그래야 자녀들은 남이 주는 작은 선물에도 진심으로 감사할 줄 안다. 어지간한 선물에는 감사할 줄 모르는 자녀들이 너무 많다. 대부분이 부모들에게 더 좋은 또는 최고 수준의 선물을 받아왔기 때문이다. 선물을 주고도, 찝찝한 경험을 해 본 사람들은 잘 알 것이다. 부모가 존재하는 것만으로도 감사할 줄 알고, 아주 작은 선물에도 감동할 줄 아는 자녀의 미래는 밝을 것이다.

제 2 부

돈을 가르쳐라

이는 현재 돈을 얼마나
소유하고 있느냐와 무관하다.
생각과 태도의 차이일뿐이다.
저축과 투자 모드로 사는 이들은
지금 돈이 없어도
부자가 될 가능성이 있지만,
소비 모드로 사는 이들은
많은 돈을 가지고 있어도
곧 가난해질 것이다.

소비와 낭비

어제(6월 17일) 저녁 6시 샹그릴라를 출발
한 버스가 오늘 아침 7시에 쿤밍 버스터미널에 도착했다. 마중 나오
신 최 사장을 만나 쿤밍 시내의 한 노점식당에서 중국인들이 아침으
로 먹는 콩국과 만두, 꽈배기를 4위엔(720원)을 주고 먹었다. 중국 본
토나 대만 또는 동남아시아의 중국인 촌에는 저렴하게 아침을 사먹
을 수 있는 노점 식당이 흔하다. 오래 전 상해에서 스몰 비즈니스를
시작할 때 아침을 1위엔, 당시 환율로 100원에 현지식으로 먹던 기
억이 새롭다. 길 건너 한국식당에선 해장국이 30위엔(3,000원) 했었
다. 상해에서 사업하던 한국 사람들이 현지인들보다 30배나 더 비싼

아침을 먹고 현지인들과 경쟁해서 사업에 성공할 수 있었을까? 그때 종업원이었던 현지인은 사장이 되고, 당시 사장이었던 한국 사람은 사업이 망하거나 사장이 된 종업원 밑에서 월급을 받고 있는 것이 현재 실정이다.

미국 어느 학자의 글이 기억난다. 흑인과 히스페닉(hispanic)＊은 주급을 받으면 자신들의 가족 내에서 세 바퀴를 돈 후 사회로 빠져나가고, 백인들은 여섯 바퀴를 돈 후 사회로 빠져나간다. 한국인이나 아시아인들의 경우는 여섯~열두 바퀴 사이를 돈 후 빠져나가는데, 유대인들은 열두 바퀴 이상이고 중국인들의 경우는 거의 안 빠져나간다. 빠른 시간 내에 돈이 사회로 빠져나간다는 것은 그만큼 소비와 낭비가 심하다는 것이다. 반대의 경우는 저축이나 투자를 많이 한다는 것이기도 하고, 현금 보유력이 높다는 것이기도 하다.

티끌 모아 태산이 되듯이 푼돈 모아 부자가 될 수 있다. 반면에 제아무리 부자라도 푼돈을 우습게 생각하면 돈을 벌 기회를 날릴 뿐만 아니라 매우 가난해질 수도 있다.

"세계 인구의 상위 15%가 세계 전체 상품과 용역의 75%를 소비한다…… 미국은 그 막대한 부에도 불구하고 그것으로 충분치 않다는 듯 세계 최대의 채무국이 됐다. 만족할 줄 모르는 물질주의의 탐

＊스페인어를 쓰는 중남미계 미국 이주민과 그 후손을 말한다.

욕은 끝없이 더 많은 부를 요구한다. 그에 따라 부채는 점점 늘어날 수밖에 없다."(팻 겔싱어)

푼돈일지라도 이를 투자하는 이들이 있는 반면, 굳이 필요하지 않은 것에 소비하는 이들도 있다. 전 세계에 흩어져 사는 한국인들은 생존 혹은 성공을 위해 간절히 기도하기 전에 소비를 최소화하고 낭비는 무조건 하지 말아야 한다.

소비욕구를 물리쳐야 한다

한 설문조사에 의하면 사람들이 자신이 원하는 삶을 살기 위해서는 "거지부터 명문가까지 모두가 현재 수입의 두 배 정도가 필요하다고 대답했다."(크림싱크) 그러나 수입이 두 배가 늘어도 여전히 쓸 돈은 부족할 것이다. 돈은 마약과 같아서 쓰면 쓸수록 더 필요하기 때문이다.

듀젠베리(James S. Duesenberry) *의 '소비성 상승의 법칙'이 이를 뒷받침해준다. 소비자들은 지금까지 사용하고 있는 제품보다도 좋은

---

* 미국의 경제학자

제품을 사게 된다는 법칙이다. 이 법칙이 사실이라면 더 좋은 제품이라고 생각하는 신제품을 사기 위해 우리의 소비는 자연스럽게 늘어난다.

탈무드에 "사람을 헤치는 것이 세 가지 있다. 근심, 말다툼, 그리고 빈 지갑이다."라는 말이 있다. 많은 사람들이 소비욕구를 채우기 위해 몸뿐만 아니라 영혼까지 팔고 있다. 이러한 무개념 소비는 자신의 인생을 돈에 저당 잡히는 결과를 초래할 것이다.

> 많은 사람들은 감당하지 못할 줄 알면서 비싼 집, 고급 자동차, 비싼 명품 등을 산다. 그렇게 살면 물질적 만족을 위해 마음에 안 드는 직장도 억지로 다녀야 하고, 보기 싫은 상사도 견뎌야 하며, 거래처의 모욕적인 응대도 인내해야 한다. 무엇보다 자녀교육을 제대로 시키지 못하게 된다. 그렇게 살면 평생을 일해도 돈의 노예로밖에 살지 못한다.
> (마크 스티븐스)

돈의 노예로 사는 부모의 자녀 역시 돈의 노예가 된다. "당연한 말이지만 물질적 부를 중시하고 이것을 부모다운 훈육이나 따스함보다 우선시 하는 부모 밑에서 자란 아이들이 소비에 탐닉할 가능성이 크다. 또한 장시간 텔레비전 시청 역시 돈의 장점과 그것으로 구매할 수 있는 물건에 빠져드는 데 한 몫 할 수 있다."(린다 그랜튼)

그럼 부자는 어떤 사람들일까. 소비는 적게 하고 나머지는 투자하는 생활 습관이 있으며, 시간, 돈, 에너지를 효율적으로 배분하고, 사회적 지위보다 경제적 독립을 중요시 여기며, 부모의 도움 없이 부를 축적하여 이를 자녀 교육에도 적용하고, 가족들에게 경제적 자립을 유도하며, 새로운 시장을 적극적으로 공략하고, 자영업이나 전문직에 종사한다. *

돈이라는 측면에서만 보면 부자는 저축과 투자를 위해 돈을 사용하고 가난한 이는 소비를 위해 사용한다는 것을 알 수 있다. 이는 현재 돈을 얼마나 소유하고 있느냐와 무관하다. 생각과 태도의 차이뿐이다. 저축과 투자 모드로 사는 이들은 지금 돈이 없어도 부자가 될 가능성이 있지만, 소비 모드로 사는 이들은 많은 돈을 가지고 있어도 곧 가난해질 것이다. 가난해진 후에는 가난에서 벗어나기 힘들뿐만 아니라 자녀에게 가난을 대물림할 가능성이 매우 높다.

"부자는 두 가지 원칙을 지킨다. 첫 번째 원칙은 '돈을 함부로 쓰지 마라'는 것이다. 두 번째 원칙은 소비의 유혹을 느낄 때 첫 번째 원칙을 되새기는 것이다."** 부자가 되고 안 되고는 무관하게 부모가 먼저 소비의 유혹을 이겨야 한다. 그리고 이를 자녀에게 보여주어야

---

* 토마스 J. 스탠리와 윌리엄 D. 댄코, 이웃집 백만장자.
** 브라이언 트레이시, 백만불짜리 습관, 용오름, 100쪽.

한다. 지금과 같이 신용카드와 빚으로 소비를 부추기는 시대에 돈에 대해 바르게 가르칠 수 있는 곳은 오직 가정뿐이다.

부모와 자식이 잘못된 소비 요구*에 빠지지 않기 위해서는 아래의 열 가지를 늘 명심해야 한다.

1) 빚을 지지 않아야 한다. 인류의 80%가 빚에 허덕이며 자신들의 미래를 폐허로 만들고 있다. 자신들의 미래를 요새로 만드는 20%에 속하려면 빚을 지지 말아야 한다. 빚은 우리를 돈의 노예로 만든다.

2) 빚을 지게 하는 지나친 소비욕구와 과시욕구 그리고 탐닉은 어릴 때부터 시작한다. "호화로운 장식을 하는 것은 결국 다 남들에게 잘 보이려는 짓이다. 그처럼 겉치레를 중시하는 사람은 현재 가난하지 않더라도 앞으로 가난해질 사람들이다."(존 F케네디의 아버지인 조셉 케네디)

---

* "미국인들에게는 중독에 빠트려 돈이 줄줄 새게 만드는 세 가지 정도의 나쁜 습관이 있다. 스타벅스나 담배, 탄산음료 혹은 패스트푸드, 7천 개의 케이블 채널이다. 미국 사람들은 이 세 가지 나쁜 습관 때문에 10년 후엔 약 900만 달러를 탕진하게 될 것이다."(앤더슨)

3) 자녀들을 텔레비전으로부터 격리시켜라. * "대리부모나 다름없는 텔레비전은 돈으로 사는 물건을 삶의 축소판이라도 되는 양 묘사한다. 부모들은 아이들을 포르노로부터 보호하려 하면서 막상 물질로 호소하는 원색적인 가르침에는 아무 생각 없이 노출시킨다."(팀 캐서) 자녀들에게 텔레비전 시청을 허락하는 것은 자녀들이 빚에 허덕이도록 방임하는 것이다.

4) 없기 때문에 못 쓰는 경우가 있지만, 이게 문제되는 일은 그다지 없다. 있어서 무절제하게 쓰는 게 심각한 문제다.

5) 필요에 의해 사는 것은 소비이고, 필요도 없는 데 사는 건 낭비며, 충동으로 사는 건 노예가 되는 지름길이다.

6) 자녀를 '돈의 노예'로 안 만들려면 부모가 '돈의 노예'로 살지 말아야 한다.

7) 누구라도 자신의 수입으로 자신의 소비욕구를 감당하기는 불

---

* 텔레비전의 광고와 스타들이 입고, 사용하는 모든 제품들은 구매자를 유혹한다. 텔레비전의 각종 프로그램에 깊이 빠져들수록 소비욕구는 증가한다.

가능하다.

8) 버는 것은 매우 중요하지만 그 이상으로 절약하는 것이 중요
하다.

9) 한 푼이라도 있을 때 이 한 푼을 가지고 안 쓰는 훈련을 하는
것이 매우 중요하다. 그리고 부모가 이렇게 사는 모습을 자녀
가 보고 배워야 한다.

10) 전통적인 부자들은 자녀들에게 돈 버는 법을 알려주기 전에
재산을 지키는 훈련을 시킨다. 가장 먼저 안 쓰는 훈련을 시켜
서 절약과 안 쓰기를 몸에 익히게 한다.

돈을 전략적으로 사용하라

최고 품질의 신차가 출시되었다고 해서 그것을 바로 사는 부자는 거의 없다. 부자들은 그 차를 2년 정도 철저히 검증하여 품질이 우수하고 가격이 적당하다고 확신하면 구입한다. 그리고 최소한 5년에서 10년 동안은 차를 바꾸지 않는다. 부자들은 이렇게 최소비용-최대효과의 원칙에 따라 돈을 쓴다. 이번 여행에서도 이처럼 '최소비용-최대효과 전략' 아래 돈을 쓰고 있다.

몇 년 전 큰아들과 유럽여행을 했다. 마닐라와 호치민에서 비즈니스를 통해 선교하는 방안을 연구하고 모색하는 모임인 'BAM Academy'에 참석했던 우리는 'BAM Academy'가 끝나면 함께 유럽으로 갈

당시 나는 미국으로 가면서 일주일간 혼자 유럽의 몇 나라를 여행할 큰아들에게 돈을 주며 이렇게 말했다. "이 돈을 네가 마음대로 써도 되지만, 가능하면 가지고 있으면서 안 쓰는 훈련을 해봐라." "돈이 있으면 사고 싶은 걸 언제라도 살 수 있으니 사지 않아도 사서 가지고 있는 거나 별 차이가 없다"는 말도 덧붙였다.

예정이었다. 그런데 갑자기 내게 중요한 일이 생겨 큰아들 혼자 베를린으로 가고, 나는 미국으로 갔다. 일주일 후, 로스앤젤레스에서 출발한 나와 로마에서 출발한 큰아들은 비슷한 시간에 스페인 마드리드에 도착하여 함께 유럽을 여행했다. 당시 나는 미국으로 가면서 일주일간 혼자 유럽의 몇 나라를 여행할 큰아들에게 돈을 주며 이렇게 말했다. "이 돈을 네가 마음대로 써도 되지만, 가능하면 가지고 있으면서 안 쓰는 훈련을 해봐라." "돈이 있으면 사고 싶은 걸 언제라도 살 수 있으니 사지 않아도 사서 가지고 있는 거나 별 차이가 없다"는 말도 덧붙였다.

　일주일 후, 마드리드에서 만난 큰아들이 말했다. "돈이 없어서 못 사는 것과 돈이 있음에도 안 사는 것의 차이를 확실히 알았습니다. 이번 여행이 제 인생에 큰 도움이 될 것입니다. 감사합니다." 말이 되기도 하고 안 되기도 하지만, 어릴 때부터 이 원칙을 훈련하면 어지간해선 돈 때문에 어려움을 당하지 않는다. 우리 집의 모든 물건들은 우리 집에 온 지 거의 15년 이상 된 것들이다. 조금 쓸 만하게 보이는 것 중에는 남이 쓰다 준 것들이 대부분이다. 그중에 십여 년을 써서 상처투성이인 진공청소기가 있다. 우리가 여행 중인 동안에 망가져 아내가 AS 센터를 찾아갔다. 너무 오래된 제품이라 부품 구하는 데 시간이 제법 걸리니 기다리라고 했단다. 이 사실을 알게 된 아내의 지인이 청소기를 새로 샀다며 쓰던 청소기를 주었는데 새거나 다름이 없었다. 살 돈이 없어서 이렇게 할 수도 있지만, 살 만한 돈이 있음에도 이렇게 절약하면 평생 돈 때문에 어려움을 당할 가능성은 거의 없다.

낭비를 줄이는 정도에서 그치는 것이 아니라 소비를 가능한 더 줄여야 한다. 이런 식으로 살면서 돈을 모아야 조금이라도 더 선한 일에 동참할 수 있지 않겠는가?

우리 삼부자가 두 달간 동남아 8개국을 여행하는 동안 열다섯 번 비행기를 타고, 대부분 호텔에서 잠을 자며, 먹는 것은 식당에서 해결해야 한다. 이에는 적지 않은 경비가 든다. 그러나 이는 배낭여행에 비해 그렇다는 거지 일반적인 패키지 관광에 비하면 적게 들 가능성이 99.99%이다. 이렇게 장담할 수 있는 것은 돈과 관련하여 내 평생 일관되게 지키고 있는 원칙이 있기 때문이다.

1) 관광은 피하고 가급적 여행을 하라. 어쩔 수 없이 관광을 할 경우 최대한 돈을 아끼고, 여행을 할 경우 여유 있게 돈을 사용하라. 관광은 보는 것이 목적이라면 여행은 현지인들의 삶을 배우고 나누면서 관계를 형성하는 것이다. 더 나아가 평생의 동지로 발전시키는 것이 여행의 목적이다.

2) 여행의 목적을 이루는 것보다 동행자들의 관계를 성숙시키는 것이 중요하다. 이런 의미에서 여행 경비 역시 동행자들의 관

계 향상에 더 투자해야 한다. 최고의 투자는 관계에 투자하는 것이다. 관계가 이익보다 우선임을 자녀들이 깨닫도록 해야 한다. 이를 '관계 자본'이라고 한다.

3) 나를 위해서는 소박하게, 공동체와 이웃을 위해서는 가능한 풍성하게, 대접받기보다는 대접하기가 몸에 익어야 한다. 이는 영적 자본을 형성하는 것이다. 성공을 바라고 하는 대접은 순간의 목적을 이룰 수는 있지만 결국은 사람을 잃게 되어 실패에 이르게 된다.

돈을 자본화하라

　　소비욕구를 못 이기는 이들이 부자 되기
가 불가능하듯이, 절약할 줄 모르는 사업가들이 사업에 성공하는 것
도 불가능하다. 자신의 돈을 자본화하지 못하기 때문이다. 자신에게
있는 돈, 재능, 인맥 등을 자본화하지 못하면 미래가 불안할 뿐만 아
니라, 실패했을 경우 재기도 불가능하게 된다. 여기서 자본화는 소비
를 위한 저축이 아니라, 투자를 위한 저축과 비축을 말한다.

　　저개발국가들은 자원을 자본화하지 못하고 있다는 공통점이 있
다. 이에 비추어 볼 때 개발도상국은 자원을 자본화 중인 국가를 뜻
하고, 선진국은 자본화된 자원으로 이익 구조를 만든 국가이다. 예를

들어 삼림 자원이 있다고 하자. 이를 단지 땔감으로만 사용하면 소비일 뿐이지만, 삶의 질을 높이는 자연환경을 조성하고 환경을 보호하는 것은 자본화이다.

우리 삼부자가 여행 중인 중국은 불과 20년 만에 자원의 자본화에 성공하고 있는 나라이다. 넉넉한 자본을 바탕으로 창업 열풍이 거세게 일어나고 있는 중국은 창업공화국이다.

> 중국은 이제 거대한 창업 국가가 됐습니다. 실리콘밸리 모델을 제대로 이식해 자기 걸로 만들었죠. 중국의 명문대 앞에 가보세요. 창업 카페가 즐비한 걸 보고 나면 등에 식은땀이 흐릅니다. 중국의 머리 좋은 젊은이들은 거기 다 모여 있어요.. 회사 차려 부자 될 꿈에 부풀어서 말이죠. *

돈을 자본화하는 훈련은 어릴 때부터 받아야 한다. 자녀들에게 돈 훈련은 너무나 중요하다. 나눔과 기부를 익히는 것도 중요하지만 돈을 어떻게 쓸지 한 번 더 생각해보고, 대안을 살펴보고, 나아가 쓰지

＊이글은 다음과 같이 어어진다. "…한국 대학가요? 술집과 먹자골목밖에 더 있나요. 중국 청년들은 창업하겠다 난리인데, 한국의 우등생은 공무원 시험을 칩니다. 이게 제대로 된 나라입니까. 청년이 꿈을 잃은 나라에 미래가 있냐고요."(2016. 09. 23. 〈조선일보〉 박정훈 칼럼에서 어느 사업가의 말)

않는 것을 훈련하는 것도 중요하다.

자본은 유형 자본과 무형 자본으로 이루어진다. 유형 자본은 돈, 증권, 부동산 등이다. 무형 자본은 관계(인맥) 자본과 신용, 정직, 신뢰로 이루어진 영적 자본*, 그리고 환경 자본 등이다. 선진국의 경우 국가 총자본은 유형 자본 20% 이하 무형 자본 80% 이상으로 이루어져 있으며, 후진국의 경우 유형 자본이 무형 자본보다 많다. 유형 자본이 무형 자본보다 많다는 것은 그 사회의 시스템이 신뢰와 정직, 신용으로 작동되는 것이 아니라 부정과 부패로 작동되는, 즉 영적 자본이 거의 없다는 뜻이다. 혹은 극심한 환경파괴가 진행되었거나, 진행되고 있으므로 환경 자본도 매우 부족하다는 뜻이다.

돈과 재능 그리고 인맥을 자본화하는 능력은 필수적이다. 이것들이 자본화되어야 에너지화할 수 있다. 돈을 자본화하는 방법으로는 저축과 투자가 있고, 재능을 자본화하는 방법으로는 취업과 사업이 있고, 시스템을 자본화하는 방법으로는 효율적 운영과 성숙한 리더십이 있다.

---

* "부의 창출은 자산의 투자를 필요로 한다. 그리고 그 중에서 가장 중요한 것은 아마 그 사업을 시작하게끔 한 영적 자산일 것이다" (Dr. Theodore Roosevelt Malloch, 2006)

자녀에게 돈을 주면 뭔가를 사기 위해 모으는 아이가 있고, 그냥 써버리는 아이가 있다. 이중에 돈을 모으는 아이가 그냥 써버리는 아이보단 정서적으로 건강하고 경제관도 우월하다. 그러나 돈을 써 버렸다는 사실만큼은 변함없다. 이 아이는 어른이 되어서도 돈을 모아 자기 것을 사든지, 순간적으로 소비하든지 한다.

아이를 이렇게 키워서는 안 된다. 돈이 수중에 들어오는 순간 그 돈으로 돈을 낳게 하는 아이로 키워야 한다. 돈을 소비하는 자녀보다는 자본화하는 자녀가 전반적으로 더 성숙하다 할 수 있다. 여기서 더 나아가 '영적 자본'과 '관계 자본'을 형성할 줄 아는 자녀라면 이미 성공한 것이나 다름없다.

진정한 부

우리 몸에 피가 돌아야 생명이 유지되듯이, 인생에서는 돈이 돌아야 모든 것들이 작동하며 유지된다. 돈을 바르게 유통시키면 부가 구축된다. 부(wealth)를 이해하기 위해서는 먼저 돈(money)과 재물(riches)을 이해해야 한다. 돈이 한 방울의 물이라면, 재물은 주전자 속에 가득찬 물이고, 부는 강물이다.

돈을 한 방울씩 모으면 재물이 되지만 이를 소비하면 그걸로 끝이다. 성경은 재물을 하늘에 쌓고, 그 재물로 가난한 이웃을 도우라고 한다. 재물을 하늘에 쌓은 자는 부를 누리게 된다.

우리 주변에는 재물을 포기하지 못해서 예수를 따르지 못하는 우매한 부자 청년과 같은 이들도 있고, 예수를 만나고 자신의 재물을 가난한 자들에게 내어놓는 지혜로운 삭개오와 같은 이들도 있다.

부는 자본의 유형과 같이 유형의 부와 무형의 부로 나누어 볼 수 있다. 유형의 부로는 돈, 부동산 등이 있으며, 무형의 부로는 존경받음, 건강, 리더십, 삶의 질 등이 있다.

무형의 부가 없이 유형의 부만 가진 이들은 단지 돈만 많을 뿐, 진정으로 부를 가진 사람이라고 할 수 없다. 진정한 부를 소유한 이들은 사회에서 존경받고 선한 영향력을 끼치는 반면, 유형의 부인 재물만 소유한 자들은 사회에서 존경을 받고 선한 영향을 끼치는 경우가 드물다.

부는 다른 사람을 섬긴 결과이다. 오래 전부터 유대인들은 이 원리를 사업에 적용해 부를 축적했다. 이는 "경쟁자보다 훨씬 나은 가치를 제공해 고객을 만족시켰다는 뜻이다."*

부는 주변을 윤택하게 한다. 부를 소유하면 자신도 형통한 삶을 사는 것은 물론 주변 사람들의 삶도 윤택하게 할 수 있다. 이런 의미에서 부는 가족 그리고 공동체를 지켜주는 요새이다.

---

* 홍익희, 유대인 이야기, 행성 : B잎새, 445쪽.

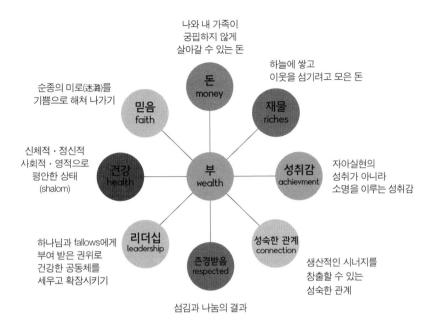

나와 내 가족이
궁핍하지 않게
살아갈 수 있는 돈

하늘에 쌓고
이웃을 섬기려고 모은 돈

순종의 미로(迷路)를
기쁨으로 해쳐 나가기

믿음
faith

돈
money

재물
riches

신체적·정신적
사회적·영적으로
평안한 상태
(shalom)

건강
health

부
wealth

성취감
achievment

자아실현의
성취가 아니라
소명을 이루는 성취감

하나님과 fallows에게
부여 받은 권위로
건강한 공동체를
세우고 확장시키기

리더십
leadership

성숙한 관계
connection

생산적인 시너지를
창출할 수 있는
성숙한 관계

존경받음
respected

섬김과 나눔의 결과

그렇다면 진정한 부란 무엇인가? 부는 다음과 같은 여덟 가지가
조화를 이룬 결과이다.

첫째, 나와 내 가족이 궁핍하지 않게 살아갈 수 있는 돈이다. 둘
째. 하늘에 쌓고 이웃을 섬기려고 따로 떼어 모아놓은 재물이다.*
셋째, 현대인들이 그토록 추구하는 자아실현의 성취가 아니라 소명

---

* "돈은 사람을 축복해 주는 것이다."(탈무드)

을 이루어가는 성취감이다. 넷째, 생산적인 시너지를 창출할 수 있는 성숙한 관계(connection)이다. 다섯째, 이웃을 섬기고 나눈 결과로써 존경받는 것(respected)이다.** 여섯째, 하나님과 신도들에게 부여받은 권위로 건강한 공동체를 세우고 확장시키는 리더십이다. 일곱째, 신체적·정신적·사회적·영적으로 평안한 상태(shalom)인 총체적 건강이다. 마지막으로 순종의 미로(迷路)를 기뻐하며 헤쳐나가는 믿음이다.

** 당신의 직업이 무엇이든지 간에, 당신이 남들의 삶에 도움을 줄 수 있고, 그 사실을 다른 사람들이 안다면, 당신 주위로 사람들이 몰려들 것이며, 그로 인해 당신은 부자가 될 것이다.(월리스 D. 위틀스)

$$(IA+AA)\times A=IHP$$

　　18일 저녁에 샹그릴라를 출발한 심야침
대버스를 타고 쿤밍으로 13시간을 내려온 열 명의 지체들과(세 명의 엄
마와 일곱 명의 꼬맹이) 두 아들을 19일인 어제 오전 8시에 창수이 공항
에서 만났다. 공항 맥도날드에서 아침식사를 하고 앙코르 와트*가

---

* 앙코르 와트(Angkor Wat)는 캄보디아의 앙코르에 위치한 사원으로, 12세기 초에 수
르야바르만 2세에 의해 옛 크메르 제국의 도성으로 창건되었다. 앙코르에서 가장
잘 보존되어 있으며, 축조된 이래 모든 종교 활동의 중심지 역할을 맡은 사원이
다. 앙코르 와트는 캄보디아의 상징처럼 되면서 국기에도 그려져 있는데, 이것이
관광객들이 캄보디아에 오는 제1 목적이기도 하다. (위키백과)

있는 시엠립*으로 향했다. 비행기를 타고 방콕의 돈므앙 국제공항에 도착한 다음, 항공사에서 제공하는 셔틀버스로 한 시간 거리에 있는 방콕의 또 다른 국제공항인 수완나폼 공항으로 이동했으며, 수완나폼 공항에서 시엠립행 비행기를 타기 위해 서너 시간을 기다려야 했다. 지체들과 두 아들이 샹그릴라를 출발하여 29시간 만인 저녁 11시에 시엠립의 호텔에 도착했다.

오늘(20)은 어제의 길고 복잡한 이동에 쌓인 피곤을 풀기 위해 호텔에서 하루 종일 휴식을 취하기로 하고 주로 수영장에서 시간을 보냈다. 그런데 한국 청년 서너 명이 큰 소리로 떠들며 수영장을 난장판으로 만들었다. 조용히 수영을 하다가 쉬면서 독서를 하고 있는 외국인들 보기에 참으로 부끄러운 일이 아닐 수 없었다.

관광지에서 큰 소리로 떠드는 한국인들이 적지 않다. 여행 중 피곤을 풀기 위해 또는 잠시 쉬어 가려고 들른 카페나 식당에서 시끄러운 한국인을 만나면 당황스럽다. 이는 단체 관광하는 나이든 분들에게만 해당되는 것은 아니다. 젊은이들도 그렇다. 이런 행동은 자신뿐만 아니라 대한민국 국민을 망신시키는 짓이다.

---

* 시엠립(Siem Reap)은 17세기 타이의 아유타야 왕조와의 전쟁에서 승리한 것과 관련이 있다. 앙코르 와트, 바이욘 등이 있는 앙코르 유적군 관광의 거점이 되는 도시이다. 남쪽으로는 동남아시아 최대의 호수인 톤레삽 호가 있다. (위키백과)

어떠한 경우에도 타인에게 피해를 주지 않는 것은 기본적인 예의다. 그런데 이런 에티켓을 잘 모르는 사람들이 제법 된다. 인간은 언어보다는 에티켓으로 관계를 형성하고 확장하는 존재이다. 몇 개국의 언어로 유창한 화술을 구사해도 에티켓이 빵점이면 인격과 사회성도 빵점이다.

다른 나라를 관광할 때 현지 문화를 익히는 것 이상으로 국제 에티켓을 익히는 것이 중요하다. 에티켓을 무시하며 관광하는 것은 자신과 국가의 이미지를 깎아내리는 일이다.

왜 우리나라의 일부 청년들은 이럴까? 나는 청년들에게 남과 다른 대단한 지성과 인격, 그리고 세련된 에티켓을 기대하지 않는다. 그저 자신을 자연스럽게 드러낼 줄 아는 멋과 기본적인 에티켓을 기대할 뿐이다.

(IA+AA)×A=IHP 이란 공식이 있다. 자기계발 분야의 세계적인 권위자인 브라이언 트레이시가 고안한 공식이다. IA는 타고난 특성(Inborn Attributes)의 약자이고, AA는 후천적 특성(Acquired Attributes)으로 자라면서 습득하고 발전시킨 지식과 기술, 재능, 경험, 능력 등을 의미한다. 그리고 A는 태도(attitude)를 뜻한다. 그러니까 한 개인이 세상을 살아가면서 이루는 성과(IHP, Individual Human Performance)는 "(타고난 특성+후천적 특성)×태도"인데, 한 개인이 이루어내는 성과에서 태도가 차지하는 비율이 거의 절대적이라는 것이다. *

이에 비추어 볼 때, 자녀의 스펙 쌓기에만 혈안이 되어 인성이나
에티켓 교육에 관심이 없는 부모는 오히려 자녀의 성공을 가로막고
있다고 할 수 있다.

---

*브라이언 트레이시, 83쪽.

영혼의 균형이
깨어진 아이들

피곤해서 더 이상 놀 수 없을 때까지 마음껏 그리고 끈기 있게 노는 아이는 결단력 있고 자신과 다른 사람의 행복을 위해 자신을 희생할 줄 아는 어른이 될 것이다. (프레드리히 프뢰벨)

6월 21일. 찌는 듯 무더운 날씨 속에 우리 일행은 앙코르 와트를 다녀왔다. 무더운 날씨에 하루 종일 관광하는 것이 꼬맹이들에겐 무리라고 생각해서 오전에 앙코르 와트의 일부를 둘러보고 점심 식사 후 호텔로 돌아와 수영을 하면서 쉬다가 3시쯤 다시 앙코르 와트에 가서 나머지를 둘러봤다.

관광하는 내내 구걸하듯 우리에게 물건을 파는 아이들과 자기들끼리 어울려 노는 아이들이 눈에 많이 띄었다. 그런데 아이들의 표정에서 생기가 넘쳐흐르고 있었다. 부유한 나라의 거리에서는 보기 힘든 표정들이다. 부자나라의 아이들보다 가난한 나라의 아이들이 더 행복해 보이는 이유는 무엇일까. *

작년 10월, 작은아들을 보기 위해 맨해튼에 들른 적이 있다. 일주일 있는 동안, 겉은 멀쩡하지만 혼자 중얼거리며 돌아다니는 백인들을 그 어느 때보다 자주 봤다. 경쟁 시스템에 완벽하게 희생당한, 그러니까 펀치력만 키우려다 맷집 부족으로 링에 쓰러진 이들이다. 이 비극은 그들이 경쟁의 무기로 삼은 지식과 전략이 영혼의 성장을 막아 영적 균형 감각을 상실한 데서부터 시작된 것이다.

경제력으로 세계 12위인 우리나라는 세계 110위에 해당하는 캄보디아에 비하면 대단히 부유한 나라이다. 그렇지만 현실은 어떠한가? 한해 자살자가 13,000여 명이니 자폭 공화국이라 부를 만하다. 안정

---

* "세계 여러 나라를 다니면서 한 가지 충격을 받는 사실은 지구상에서 가장 가난한 지역에서 아이들이 가장 큰 사랑을 받는다는 점이었다. …… 유아 사망률은 높고, 음식은 빈약하며, 의약품은 구할 수 있다고 해도 언제나 부족하다. 장난감이래야 막대기와 깡통이 고작이고, 옷은 누더기나 낡은 티셔츠가 다다. 그러나 나는 다른 어느 곳에서도 그처럼 환한 웃음과 가슴 따뜻한 포용을 보지 못했다. 부모와 십대 자녀, 노인들과 어린아이들 사이에 오가는 정들이 이곳에서만큼 뭉클하게 느껴지는 곳을 보지 못했다." (요한 크리스토프 아놀드)

캄보디아와 같이 모든 것이 열악한 상황에서 자라나는 아이들이 부유한 나라의 아이들보다 더 행복해 보이는 원인 중 하나는 자기가 알아서 마음껏 놀기 때문이다. 이처럼 자기 마음껏 놀아야 영혼이 자랄 수 있다.

된 삶을 살기 위해 어떻게든 시스템 안으로 진입하려는 노력이 아이러니하게도 젊은이들을 죽음으로 내몰고 있는 것이다.

소위 먹고살만한 나라 사람들의 삶이 엉망진창이 된 원인은 분명하다. 영혼이 성장을 멈추어 삶의 균형감각을 상실했기 때문이다. 영혼이 균형감각을 상실하면 인생의 방향을 잃는다. 방향성을 잃어버린 삶은 술, 마약, 섹스 등의 유혹에 쉽게 넘어간다. 그리고 유혹의 끝에는 죽음이 기다리고 있다.

캄보디아와 같이 모든 것이 열악한 상황에서 자라나는 아이들이 부유한 나라의 아이들보다 더 행복해 보이는 원인 중 하나는 자기가 알아서 마음껏 놀기 때문이다. 이처럼 자기 마음껏 놀아야 영혼이 자랄 수 있다.

그럼에도 자녀들에게 최상의 교육을 제공한다는 명분으로 아이들에게 놀이를 빼앗아 버리는 부모들이 많다. "아이들이 운동장에서 놀다가 다치는 게 두렵고, 노는 것이 공부에 방해가 된다는 잘못된 생각 때문에, 전국(미국)의 학교 가운데 40%가 쉬는 시간을 없애버렸다고 한다."(요한 크리스토프 아놀드)

한국 부모들의 광적인 교육열은 결국 자녀들의 인생에 치명타를 날리는 것과 다름이 없다. 과연 부모들이 선택해야 할 진정한 교육적 환경은 무엇일까?

부모가 아이에게 해줄 수 있는 최상의 것들 중 하나는 그저 자기들이 알아서 놀도록 내버려두는 일이다. 아이에게 시간표를 짜주지 말고, 긴 오후 시간을 스스로 채워가도록 내버려두라. 예를 들어 의자 위에 담요를 걸쳐서 텐트를 만들거나, 봉제인형이나 상상 속의 놀이친구와 함께 대화를 나누거나, 아이들의 마음속 이야기에만 존재하는 인물을 연극으로 실연하며 놀도록 하라. 이렇게 미리 계획되지 않은 시간과 자유로운 놀이 속에서 아이, 그리고 모든 인간들은 영혼이 성장하기 시작한다. (레너드 스윗)

유혹

　　　　　이번 여행은 내게 매우 큰 유혹이다. 내가
두 아들에게 새로운 시각을 발견할 수 있는 기회를 제공하면서 두 아
들 스스로 무엇인가를 결정할 수 있도록 동기를 부여하지(motivation)
않고 두 아들이 내가 의도하는 방향으로 결정하도록 조종하고 싶은
(manipulation) 유혹 말이다. 60년 세월을 살아오다보니, 쉽게 성공하여
어느 정도 폼 잡고 살 수 있는 길도 보이고, 겉으로는 믿는 척하며 속
으로는 다른 생각을 하며 사는 길도 보인다. 또한 신사적이고 합법적
이며 경건하게 내 것을 먼저 챙기는 방법도 알고, 선한 일에 적당히
헌신하면서 갈채를 받는 요령, 자녀 잘 키웠다고 사람들에게 칭찬받

는 요령도 제법 알고 있다. 그래서 두 아들에게 쉽고 넓은 길을 택하도록 은근히 유인하거나 조작하고 싶은 유혹이 강력한 것이다. 이러한 유혹을 이겨내기보다는 스스로 합리화시키며 유혹에 넘어갈 가능성이 억만 배쯤 된다는 것을 나는 너무 잘 안다. 분명한 것은 앞서 말한 방법 중 그 어느 것도 하나님이 내게 맡기신 자녀를 섬기는 방법이 될 수 없다는 사실이다. 그러니 매 순간 하나님께 그 방법을 물어야 한다. 하나님이 부모의 믿음과 지혜와 지각을 이용하여 당신의 자녀를 인도하신다는 것은 분명하다. 부모들은 하나님께서 주신 믿음을 바탕으로 지혜와 지각(perception)으로써 자녀를 인도해야 한다. 믿음은 인생을 선한 방향으로 이끌고, 지혜는 인생을 하나님의 방법으로 살아가도록 하며, 지각은 인생을 선하고 풍요롭게 한다. 그러므로 부모가 믿음과 지혜와 지각의 삶을 사는 것을 자녀들에게 꾸준히 보여주어야 한다.

수다와
이야기

6월 22일. 우리가 머물고 있는 호텔에는 라오스가 과거에 프랑스의 식민지였던 이유에서인지 유독 프랑스인들이 많이 있다. 3일 내내 아침마다 식당에서 마주치는 프랑스인 노부부와 20대 후반의 딸이 있다. 노부부는 싱가포르에서 디자이너로 일하고 있는 딸의 휴가를 맞이하여 이곳에서 만나 가족시간을 갖기로 했단다. 그런데 이 아가씨 정말 말이 많다. 아침 식사 내내 쉬지 않고 떠든다. 끊임없이 이어지는 딸의 말을 즐거운 표정으로 들어주는 부모가 참으로 대단하다는 생각이 들 정도였다.

말이 많은 아이들이 있다. 이 말이 이야기(story)인지 수다인지를 잘 구별해야 한다. 이야기는 뭔가를 계속 창조하는 작업이다. 더 정확히 말하자면 하나님께서 주셔서 우리에게 내재되어 있는 신비한 비밀들을 계속해서 꺼내는 창조적인 활동이다. 그러므로 신비한 비밀을 꺼내어 이를 창작하도록 이끄는 것은 최고의 교육이다.

1) 부모는 자녀들이 자기 안에 있는 신비한 비밀을 끊임없이 이야기로 꺼낼 수 있도록 유도하고 그럴 수 있는 환경을 제공해 주어야 한다.

2) 그 다음, 자녀가 한 번 시작한 이야기는 반드시 끝낼 수 있도록 유도해야 한다. 자녀에게 있는 신비한 비밀 또는 번뜩이는 아이디어를 구체화시켜야 창의력이 발현된다고 할 수 있다. 어릴 때는 신비한 비밀을 구체화시킨 결과가 엉성한 것이 당연하다. 그 결과가 어떠하든지 떠오른 아이디어는 끝까지 구체화시키도록 훈련시켜야 한다. 이 훈련이 안 되면 생각만 하고 끝을 맺지 않는 용두사미의 삶을 살게 된다.

3) 세 번째로 자녀가 꺼내는 신비한 비밀 또는 아이디어를 이야기뿐만 아니라 글, 그림, 조각, 음악, 댄스 등 아이가 가장 잘 표현할 수 있는 방법으로 작품화하도록 해야 한다.

4) 여기서 아이가 남다른 점을 드러내면 전문적으로 배우게 해
   야 한다.

창의력의 출발점은 자기 안에 심어진 신비한 비밀을 이야기로 꺼
내는 데 있다. 이것을 자기만의 방법으로 완성시키는 것이 창의력의
발산이다. 창의력의 발산을 얼마나 잘 표현해 내느냐에 따라 생산성
이 결정된다. 이런 점에서 창조적 삶과 예술을 인정하는 사회는 신비
한 비밀과 아이디어의 가치를 존중하는 사회이고, 신비한 비밀과 아
이디어의 가치를 존중하는 사회는 경제적, 문화적, 도덕적으로 발달
된 사회라 할 수 있다.

이야기가 끊이지 않는 프랑스 아가씨가 디자이너가 된 것은 이런
이유에서인지 모르겠다.

식습관

6월 23일. 정오에 시엠립을 출발하여 방콕 돈므앙 공항에 도착하니 우리를 환영하러 나온 오 사장 일행이 반갑게 맞아주었다. 이들의 안내를 받아 호텔에 도착하여 여장을 풀었다. 잠시 쉰 후, 방콕 현지인들이 즐겨 찾는다는 유명한 해물요리 식당엘 찾아가 공동체 지체 모두가 양껏 먹었다. 82일간 고원에 있으면서 해물 요리를 먹지 못했던 지체들에게 방콕의 해물 요리가 반드시 필요했다. 음식 값이 제법 나왔지만, 내가 한국을 떠나올 때 공동체의 신승욱 형제가 여비에 보태 쓰라고 준 돈으로 해결했다.

맛과 멋의 어원은 같다. 맛을 아는 이는 멋을 알고, 멋을 아는 이는 맛을 안다. 맛과 멋을 다 알고 즐길 줄 아는 이라면 건강하고 행복하며 관계에서 성공할 가능성이 높다. 살면서 좋은 사람과 맛난 음식을 먹는 것만한 행복이 없듯이, 여행하면서 좋은 사람과 새로운 음식을 먹는 즐거움만한 것이 없다.

여행 중에는 잘 먹어야 한다. 그래야 뇌에 충분한 산소와 영양이 공급되고 몸에는 에너지가 공급되어 몸 전체가 기능을 잘하게 된다. 물론 심리적으로도 편하다. 그러나 식성이 까다로워서, 편식을 해서, 또는 한식만을 고집해서 스스로 해외여행을 망치는 사람도 있다. 이들은 자신뿐만 아니라 같이 여행하는 사람도 힘들게 한다.

지금과 같은 글로벌한 시대에 식성도 글로벌해져야 하고, 현지식과 간편식도 즐길 줄 알아야 한다. 또 식사 에티켓을 자녀에게 가르쳐야 한다.

1) 먼저 어떤 음식이든, 이 음식이 자신의 식탁에 오르기까지 수고한 모든 분들께 감사하는 마음을 가지도록 한다. 단순하게 하나님 또는 부모가 주시는 음식, 돈만 주면 언제라도 먹을 수 있는 음식 정도로 생각하게 하면 안 된다. 음식은 농부, 어부, 낙농업자, 유통업자, 운송업자, 요리사 등이 열심히 일한 결과라는 점을 자녀들이 어릴 때부터 알려 주고, 식사 때마다 이분들에게 고마운 마음을 잊지 않도록 가르쳐야 한다.

2) 자녀에게 현지식과 간편식을 먹는 훈련을 시켜야 한다. 현지식을 적극적으로 경험하는 것만한 즐거움도 없다. 현지인들로 북적이는 서민 식당을 찾아 그들의 방식으로 현지식을 먹는 건 여행의 맛이자 멋이다. 현지식이 아닌 음식을 먹어야 할 경우엔 매우 대중화된 간편식을 먹는다. 샐러드, 파스타, 피자, 국수 등은 어디를 가도 흔하고 싸며 위에도 부담을 별로 안 준다.

3) 과식, 편식, 거식은 여행에서 암과 같다. 암은 뿌리부터 뽑아야 한다. 가장 간단한 방법은 금식이다. 자신이 이 병에 걸렸다면 스스로 굶어서 뿌리를 뽑고, 자녀가 이 병에 걸려있다면 전략적인 차원에서 굶겨서라도 뿌리 뽑아야 한다.

muse or amuse

6월 24일. "세계여행은 방콕에서 시작해서 방콕에서 끝난다."란 말이 있듯이 방콕은 전 세계에서 몰려든 여행자들로 붐빈다. 여행지로서 방콕 자체도 충분한 매력이 있지만, 방콕은 동남아 여행의 허브이기에 더 매력적이다.

방콕에서 가족여행을 하는 이들을 마주치는 일은 어렵지 않다. 가족여행의 의미를 잘 알기에 억지로라도 기회를 만들어 제법 가족여행을 다녀봤고, 또 내가 속한 주향한공동체의 영적 가족들과도 1년에 2주 정도는 함께 여행을 한다. 이런 이유로 가족여행을 하는 분들을 만나게 되면 또 다른 가족을 보는 듯해서 친근감을 느끼게 된다.

그런데 안타까운 가족을 볼 때도 있다. 가족여행을 하는 내내 게임기에서 눈이 떨어지지 않는 아이들이 있는 경우가 대표적이다. 가족여행 중 거리나 쇼핑몰에서 게임에 집중하면서 부모를 따라 다니는 아이들이 적지 않은데, 대개 집에서 텔레비전이나 컴퓨터 게임기가 부모노릇을 하는 아이들이 이렇게 행동한다.

이 아이들은 탁아소나 유치원, 또는 학교에서 귀가해서도 이러저러한 이유로 방치되었을 확률이 높다. 부모는 아이와 함께해주지 못하는 게 미안해서 아이가 게임이나 텔레비전에 빠진 것을 모른 척했을 것이다.

그러나 이는 아이를 망치는 짓이다. 영어 'amuse(재미를 주다)'는 '생각하다 또는 숙고하다'라는 뜻의 'muse'란 단어와 '반대'의 뜻을 표현하는 접두어 'a'가 결합된 단어이다. 다시 말해, amuse는 '우리에게 재미를 주면서 생각과 숙고할 능력을 빼앗아간다'는 뜻이다. 그러므로 amuse는 '생각하는 존재'인 인간에게서 '생각'을 빼앗아가는 비인간화의 최첨단 무기이자, 마약과 암보다도 무서운 인류의 적이다.

텔레비전, 컴퓨터 게임, 영화를 만날 때마다 amuse에 숨겨진 날카로운 발톱을 기억해야 한다. 또한 아이들을 텔레비전, 컴퓨터 게임, 영화 앞에 방치하는 부모가 되지 않도록 긴장하고 있어야 한다.

"텔레비전이 켜져 있는 한 언제나 아이들의 주의를 완전히 사로잡을 수 있는 건 텔레비전뿐이다. 그렇다면 부모와 텔레비전이 싸울 경우 누가 이길지는 뻔하다."(파이퍼) 이런 의미에서 "아이들이 행동 방식을 부모가 아니라 텔레비전을 보면서 배우는"(도나휴) 이 시대는 아이들에게 비극이다. *

부모가 멍하게 TV를 보고 있으면 아이 역시 TV를 본다거나 게임을 하는 경우가 많다. 이렇게 되면 아이의 창의력과 사고력은 길러지기 어렵다. 아이를 바른 길로 이끌지는 못할지언정 망가뜨려서야 되겠는가.

---

* "우리 아이들은 사랑에 굶주려 있습니다. 아이들에게는 200달러짜리 운동화와 비디오 게임기와 컴퓨터가 있습니다. 심지어는 자기 차를 가진 아이도 있습니다. 전부 부모가 나가서 돈을 번 대가로 주어진 번쩍거리는 쓰레기들이지요. 아이들에게는 온갖 최신 장난감은 있지만 사랑은 없습니다. 사랑받지 못한 아이들이 어떻게 사랑할 수 있겠습니까? 사랑받지 못한 아이들이 증오하는 것 말고 무엇을 할 수 있겠습니까?"(Mumia Abu-Jamal)

제 3 부

전략적 필드 트립

관광은 존재하는 것을 경험하는 것이라면
여행은 존재하는 것의 과거와 현재를 살피고
미래를 내다보는 것이다.
인생 또한 이러하다. 인생은 단지 살아내고
경험하는 자의 것이 아니라 과거와 현재를 통찰하고
미래를 내다보며 저지르는 자의 것이다.

여행은
관조하는 것이다

　6월 25일. 오전 내내 호텔 수영장에서 수영하다 점심식사를 하러 나가기 전에 방에 들어와 잠시 쉬는 중이다. 관광은 보러(sightseeing) 다니는 것이고 여행은 관조(contemplation)하러 다니는 것이다. 관광은 목적한 곳에서 목적한 것들을 정해진 시간에 보기 위해 서두르지만, 여행은 목적지의 친지나 현지인 또는 여행자를 만나 서로의 삶을 나누고 일상을 여유롭게 관조한다. 우리의 여행은 즐겁고 느긋하다. 딱히 서둘러 쏘다녀야 할 이유가 없으니 호텔방에서 뒹굴거나 수영장에서 몇 시간이고 놀면서 여행을 온 외국인들과 대화를 나누거나 아는 사람을 만나 밥을 먹고, 카페에서 차를 마시면서 떠든다. 이런 이유로 같은 곳을 다녀도 관광에 비해 시간과 비용이 더 드는 건 어쩔 수 없다. 30여 년 전, 로마에 갔을 때였다. 호텔에서 5일을 묵었는데 한 미국청년이 내가 관광하러 다니는 내내 호텔 수영장 벤치에 누워서 책을 읽기만 했다. 당시 우리나라는 일반인들의 해외여행이 무척 어려울 때였기 때문에 어렵게 기회를 잡아 여행을 온 나로서는 그 청년의 행동이 이해가 되질 않았다.

그동안 내가 여행을 하면서 만난 수많은 한국인들 중 여행을 즐기는 이는 많지 않다. 대부분 다 요점정리식 일정과 계획에 휩쓸려 다니는 관광객이었다. 물론 이번 여행에서 만난 한국인들도 예외는 아니었다. 관광은 나쁘고 여행은 좋다는 것을 말하는 것이 아니다. 스펙만을 강조하는 비정한 시대에 방향을 잃지 않고 살아가기 위해서는 지혜가 필요한데, 지혜는 관조하는 자에게 주어진다. 그러므로 지혜를 기르기 위해서는 여행을 하라는 말이다. 이번 여행은 인생을 관광처럼 살아가기 쉬운 작금의 두 아들에게 어디서든, 누구와 함께든 삶을 나누고 즐기고 관조하는 모습을 보여주기 위해 계획했다. 그래서일까? 우리 삼부자는 전혀 지치지도 않고 피곤하지도 않다. 여행을 관조하며 즐기고 있기 때문이다.

여행은
시각을 넓히는 것이다

6월 26일. 오늘은 공동체 지체들과 함께 방콕 근교에 위치한 수상시장과 코끼리 농장을 다녀왔다. 두 곳 모두 외국에서 여행 온 가족들이 많았다. 대부분 유럽 또는 미국에서 온 가족들이었다. 3대가 함께 여행하는 가족도 있고, 갓난애와 두 살, 다섯 살, 일곱 살 등 네 아이와 여행하는 젊은 부부도 있고, 친구 같은 모녀와 부자, 중년과 노년의 부부도 있었다. 이들과 대화를 나누어 보니 역시 관광보다는 가족이 함께하는 여행을 해야 한다는 생각이 더욱 굳어졌다. 이들은 대부분 여행을 통해 '자녀들의 시각을 넓혀주고자' 하는 생각을 가지고 있었다. 조지 바나에 의하면 세상을 보는 데에는 네 가지 시각이 있다.

1) **제로(0) 시각.** 이 시각에 속한 자는 자기 외에는 그 누구에게 도 관심이 없다. 오직 자기만을 위한 시각을 가진 자폐적 시각 이다.

2) **미시적 시각.** 이 시각을 가진 자들은 자신과 자기 가족, 그리고 자기 영역 외에는 관심이 없다.

3) **중간 시각.** 이 시각을 가진 사람들은 가족과 공동체, 이웃, 지 역에 선한 영향력을 끼친다. 개인 혹은 단체로 지역을 섬기는 사역자, 사업가, 문화사역자들이 여기에 해당한다.

4) **거시적 시각.** 이 시각을 가진 사람들은 빅 스토리에 사로잡 혀 믿음의 눈으로 세계를 품고 구체적으로 섬기는 비저너리 (visionary)형의 실천가들이다.

관광은 존재하는 것을 경험하는 것이라면 여행은 존재하는 것의 과거와 현재를 살피고 미래를 내다보는 것이다. 인생 또한 이러하다. 인생은 단지 살아내고 경험하는 자의 것이 아니라 과거와 현재를 통찰하고 미래를 내다보며 저지르는 자의 것이다.

　이번 여행에 대한 내 목적 역시 두 아들에게 세상과 사건, 사물을 보는 시각을 넓힐 수 있는 기회를 주는 것이다. 시각디자인을 전공하는 작은아들에게는 다양한 세계의 문화를 보여주고, 또 올 12월에 대학을 졸업하는 큰아들에게는 다양한 일자리 또는 창업의 기회가 있음을 보여주고자 함이다. 거시적으로는 복잡다단한 세상과 사람들을 품을 수 있는 포용력을 기를 수 있는 기회를 제공하기 위함이다.

고착

6월 27일. 방콕의 호텔에서 새벽 4시에 나와 돈므앙 공항에서 6시 30분에 출발하는 하노이행 비행기를 탔다. 8시쯤 베트남의 수도인 하노이(Hanoi)에 도착하니 소나기가 폭포처럼 쏟아져 내리고 있었다. 호텔 셔틀버스를 타고 출근길로 혼잡한 하노이 시내를 통과하여 호텔에 도착했다. 이른 새벽에 방콕의 호텔을 출발하느라 잠과 쉼이 필요했던 우리는 오전 내내 방에만 있었다.

저녁 식사 후 한 카페에서 우연히 한국인 청년을 만났다. 6개월 전부터 외국을 여행 중이라는 20대 후반의 청년이었다. 청년과 이런 저런 이야기를 나눠보니 여행을 명분으로 현실에서 도피하고 있다는 느낌이 들었다. 청년의 마음의 문이 굳게 닫혀 있었다. 그래서 좀 더 집중하여 이야기를 나눠보니, 청년은 어머니에게 고착(固着, fixation)되어 있음을 알게 되었다.

고착은 특정 대상이나 생각에 집착하여 벗어나지 못하는 상태를 말한다. 이전의 발달 단계에서는 적절했던 대상이나 생각이지만 발달이 진행되어 다른 생각이나 행동이 요구되는데도 그 이전의 상태에 머무르는 일이다.

10여 년 전에 유럽 코스타(KOSTA : Korean Students All Nations) 대회에 간 적이 있다. 중보기도사역을 하던 분이 내게 와서 너무 큰 귀신이 들어 감당 안 되는 청년이 있으니 도와달라고 요청했기 때문이었다. 만나보니 귀신들린 청년은 아니었다.

그 청년은 7살 때 교통사고로 아버지를 여의고, 이 사고로 장애인이 된 어머니와 둘이 살았다. 불편한 몸으로 행상을 하며 자신을 키우시는 어머니를 도와드릴 능력이 없어서 늘 큰 부담 속에 짓눌려 살아왔다. 이렇게 자라 외국에 유학까지 왔고, 어머니는 빚을 내어 뒷바라지를 했다. 청년은 열심히 공부하여 유학을 마쳤다. 취직만 하면 그간 고생하신 어머니께 평생 효도할 수 있으리란 생각에 들떴다. 그런데 취직이 안 되었다. 어머니의 은혜를 갚고 빚도 갚아야 하는데 그럴 수가 없었다. 이런 심리적 부담과 압박을 떨치지 못하고 유럽 이곳저곳을 떠돌던 청년은 결국 이상행동을 하게 되었다. 전형적인 고착 증상이다.

여러 나라에서 이런 유학생들을 만나 치유작업을 해봤다. 이런 경우, 학생의 몸에 손을 얹고 "병마야, 귀신아, 물러갈지어다!" 해서 될 일이 아니다. 차분히 대화로 풀어야 한다. 묘하게도 내게는 이런 재주가 있는 것 같다. *

평생 고착에서 못 빠져 나왔던 이가 있다. 오늘날 최고의 인기를 누리는 화가 중 한 명인 구스타프 클림트다. 오스트리아의 상징주의 화가이자 빈 분리파 운동의 주요 회원이었던 클림트는 회화, 벽화, 스케치 등의 작품을 남겼으며 빈 아르누보 운동에 있어서 가장 두드러진 미술가였다. 이 탁월한 화가는 정신질환을 앓는 어머니로 인해 어린 시절 마음에 깊은 상처를 받았다. 클림트는 어머니와 함께 평생 미혼으로 살았다.

---

* 국내의 어느 지역에서 목회세미나를 인도하고 있을 때였다. 세미나를 주최한 목사님이 섬기는 교회에 겨울에 눈만 내리면 옷을 벗고 동네를 뛰어다니기도 하고, 고성을 지르기도 하는 청년이 출석을 한다고 했다. 교회에서 기도 꽤나 한다는 분들이 열심히 기도하는데 전혀 고쳐지지 않는다고 했다. 내가 그 청년을 만났다. 10분 정도 대화를 하고 나니 청년이 자기의 문제에서 해방되었다. 평생 행상을 하며 자신을 뒷바라지 하신 언어장애가 있는 어머님이 자신의 제대만을 학수고대하고 있었는데, 제대하고 나왔는데도 일자리를 못 구하다보니 어머니에게 고착되어 있던 것이다.

클림트는 이중적인 생활을 했다. 그는 작업을 마치면 곧장 집으로 돌아와 별 말 없이 식구들과 식사하고, 일찍 잠자리에 드는 수도승 같은 사람이었다. 하지만 한편으로는 "술과 여자, 노래, 볼링 등을 활발히 즐기며 빈의 사교계에서 명사 행세를 하기도 한 인물이었다."[*] 클림트는 여성에 대한 극단적인 이분법적 시각을 가지고 있었다. 클림트는 어머니와의 고착에서 못 벗어난 관계미성숙의 피해자로서, 평생 이러한 상황을 극복하지 못했다.

1915년 어머니가 작고하고 3년 후, 그 역시 심장마비로 죽었다. 그가 평생을 결혼하지 않고 어머니와 산 것과, 어머니의 죽음 후 3년 만에 세상을 떠난 것 등 여러 정황을 볼 때 클림트는 어머니에게 병적으로 고착되어 있었다고 볼 수 있다.[**] 이는 "어머니에게 고착돼 정신적인 성장에 어려움을 겪는 남성들에게 나타나는 전형적인 현상이다." 고착을 못 벗어나는 이들은 대체로 50대에 사망하게 된다고 하는데 클림트 역시 56세에 사망했다.[***]

부모가 자녀에게 해 줄 수 있는 최고의 교육은 성숙한 부부관계를 보여주는 것이다. 이혼을 하거나, 이러저러한 문제로 아버지나 어머니 혼자서 자녀를 키우면 자녀가 고착증을 앓게 되는 경우가 많다.

---

[*] 이주헌, 클림트, 재원, 38쪽.
[**] 위의 책, 38쪽.
[***] 위의 책, 38쪽.

독서는 지혜와 위대함을
선물한다

6월 28일. 아직 여명인데 나는 호텔과 매우 가까운 곳에 있는 호안끼엠(Hoén Kiêm) 호수로 산책을 나갔다. 새벽 다섯 시의 이른 시간인데도 하노이 시내 중심가에 위치하고 있기 때문이어서인지 호수 주변을 산책하는 사람이 많았다. 그 모습을 보는 순간 온몸에 힘이 솟아오른 나는 가는 막대기를 지팡이 삼아 쩔뚝거리며 걷기 시작했다.

규칙적인 걷기가 규칙적인 무개념 기도보다 더 유익하다고 생각하는 나는 걷기 마니아이다. 작년까지는 하루 10킬로미터 이상을 걸었다. 의사가 너무 걸으면 노동이 되어 오히려 몸에 스트레스를 주니

하루 5킬로미터 이내만 걸으라고 해서 지금은 적당히 걷는다.

내가 사는 일산의 호수 공원을 걷는다는 기분으로 호안끼엠 호수를 걷는데 걸을수록 무릎 통증이 심해졌다. 가느다란 나무지팡이로는 도저히 나를 지탱할 수가 없어서 결국 300미터도 못 걷고 거의 기다시피 호텔로 돌아왔다.

지금은 여행 중 읽었던 책을 다시 보고 있다. 나는 여행 중에 주로 마음과 지혜에 도움을 주는 양서들을 가지고 다니며 억지로라도 규칙적인 독서를 한다. 규칙적인 걷기가 내게 최고의 몸 운동이라면 규칙적인 독서는 내게 최고의 정신 운동이다. 나는 다음과 같은 이유에서 책을 읽는다.

1) 내면을 성숙하게 하기 위해 독서를 한다

나는 독서한 시간보다 몇 배 많은 시간을 투자해서 읽은 내용을 중심으로 사고한다. 생각 없이 열 권의 책을 읽는 것보다는 집중하여 한 권의 책을 읽는 것이 더 유익하며, 집중하여 책을 읽기만 하는 것보다는 몇 쪽이더라도 이를 깊이 생각(사고)하는 것이 내면을 더 성숙케 한다.

> 생각 없이 책만 읽는다면 자기계발을 할 수 없다. 책을 읽는다고 해서 정신적으로 발전되는 것이 아니라, 읽은 내용을 자신의 머리로 사고

할 때 정신적인 발전이 가능하다. (워틀스)

2) 지혜를 얻기 위해 독서를 한다

독서는 우리에게 최소한 세 가지 유익을 주는데, 이 유익을 취하는 독서의 단계들이 다르다. 첫째는 정보다. 이를 위해서는 독자에게 정보를 이해하고 저장할 수 있는 두뇌(머리)가 필요하다. 이 단계는 머리로 읽는 단계다. 둘째는 전략이다. 책은 저자의 경험과 정보가 어우러진 것이다. 때문에 독자에게는 독서를 통해 전략을 취할 수 있는 두뇌와 자신만의 독특한 경험이 필요하다. 이 단계는 독자의 두뇌와 경험으로 책을 읽는 단계다. 세 번째는 지혜다. 지혜를 얻기 위해서는 여러 권 읽는 것보다 좋은 책 한 권을 여러 번 읽는 것이 더 낫다. 이때 양서에 담긴 지혜가 우리의 일부가 될 수 있도록 깊이 사고하면서 읽어야 한다. 이런 이유로 지혜를 얻기 위한 독서는 한 페이지를 넘기는 데에 많은 시간이 걸릴 수도 있다.

3) 부모이기에 독서를 한다

나는 주로 적게 읽고 많이 생각하는 '소독다사형' 책읽기를 하지만, 유일하게 다독하는 경우가 있다. 두 아들의 현재와 미래에 도움이 되는 책을 읽을 때이다. 부모는 자녀가 성장할수록 더 많은 책을 읽어야 한다. 부모가 책을 더 많이 읽어야 하는 이유는 자녀보다 더 많은 것을 배워 더 많이 가르쳐주기 위함이 아니다. 자녀에 대해, 또 자녀가 살고 있고 살아갈 세상을 정확히 들여다보아야 하기 때문이다. 바른 양육은 자녀를 정확히 보고 듣는 것에서 시작한다. 그러니 자녀가 성장하여 앎의 영역이 다양해지고 활동 세계가 넓어질수록 부모는 자녀를 정확히 보고 듣기 위해 더 많은 독서를 해야 한다.

당신 자신이 바로 아이다. 아이처럼 당신도 자녀를 어떻게 양육하고 어떻게 가르쳐야 할지 스스로 배우지 않으면 안 된다. 다른 사람들이 답을 주기를 기대하는 것은 알지도 못하는 여자에게 당신 아이를 낳아 달라고 요구하는 것처럼 황당한 일이다.

어떤 지혜는 당신 자신이 애쓰고 수고하지 않으면 결코 얻을 수 없다. 그리고 이런 지혜가 무엇보다 소중하다. 당신 아이에게서 아직 발견되지 않은 당신의 일부분을 찾아보라. (아누스 코르착)

모자와 지팡이

　　6월 29일. 무릎 통증이 너무 심하다. 나의 왼쪽 무릎 통증은 1979년 군대에서 큰 사고를 당한 후로 계속되고 있다. 이로 인해 2006년부터는 간혹 지팡이를 짚게 되었고, 2014년부터는 수시로 지팡이에 의지하게 되었다. 보름 전 티베트 고원에 있을 때부터 왼쪽 무릎의 통증이 심해져 임시방편으로 가는 나뭇가지를 주워 지팡이로 사용하고 있다.

　　설상가상으로 어제 새벽 호안끼엠 호수를 조금 걸은 후부터는 오른쪽 발목에도 통증이 생겼다. 붓기는 없는데 발목 안쪽이 너무 아프다. 지금은 통증이 심해져 파스를 바르고 압박붕대를 하고 있다. 아직 여행이 한 달 이상 남았는데…….

샹그릴라에서 만들어 온 가는 나무지팡이로는 더 이상 내 무게를 감당하지 못하기 때문에 의료기기를 파는 가게를 찾아가 튼튼한 지 팡이를 살 작정이다. 그러고 보니 두 아들은 이번 여행 내내 지팡이 를 짚고 쩔뚝거리며 걷는 내 뒤를 따라왔다. 여행 중 단 한 번도 나보 다 앞서 걷지를 않았다. 왜 그랬을까?

4년 전에도 이런 생각을 한 적이 있다. 당시, 미국 시카고에 살고 있던 큰아들이 6년 만에 한국에 왔다. 이른 새벽에 산에 가자며 큰아 들을 깨우자, 비몽사몽 중이던 아들은 이내 나를 따라 나섰다. 우리 는 아무 말 없이 산길을 걸었다. 내가 저 녀석 나이 때 아버지께서 이 른 시간에 등산 가자고 깨우셨다면 난 분명 '짜증을 내거'나 '못 일어 나는 척하며' 뭉갰을 것이다. 그런데 나보다 수십 걸음, 아니 수백수 천 걸음 앞서 갈 수 있는데도 절대 앞서지 않은 큰아들은 무슨 생각 을 하며 내 뒤를 따라 걸었을까? 우리는 올라갈 때와 마찬가지로 아 무 말 없이 산길을 내려왔다. 이때를 생각하면 지금도 설명할 수 없 는 가슴 찡함을 느낀다.

두 아들도 시간이 흐르면 나처럼 지팡이를 짚어야 할 때가 올 것 이다. 세월을 피할 수는 없으니 그저 나보다 더 늦은 나이에 지팡이 짚기를 바랄뿐이다. 더불어 지금의 나보다 지성, 지혜, 지각이 훨씬 뛰어난 인물이 되어 있기를 바란다.

자녀들은 늘
부모를 지켜보고 있다

　　　　　6월 30일 오전 8시. 하노이를 출발한 15
인승 버스를 타고 4시간이 지나 하롱베이*에 도착했다. 1박 하게 될
배에 올라 방을 배정받고 짐을 풀었다. 곧이어 선상에서의 점심식
사 후 우리는 작은 모터보트를 타고 이동하여 두 시간 가량 카약킹
(Kayaking)을 즐겼다. 배로 돌아와서 잠시 휴식을 취한 후, 두 아들과
공동체 식구들은 동굴탐험을 갔다. 왼쪽 무릎과 오른쪽 발목 통증 때
문에 동굴탐험이 불가능한 나는 방에서 쉬면서 한국에 있는 아내와

---

*하롱베이(Halong Bay)는 베트남 북부, 꽝닌성 통킹만 북서부에 있는 만의 명칭이며
1994년에 유네스코의 세계자연유산으로 지정되었다.

메시지를 주고받았다. 미성숙하고 단점이 많은 부모에게서 상처받지 않고 잘 자라준 두 아들이 고맙고, 이렇게 키워주신 하나님께 감사하다는 내용이 주를 이루었다. 마지막으로 더 이상 어떤 식으로라도 두 아들의 삶에 끼어들지 말자고 서로 다짐을 했다.

아이는 성년이 되어 부모를 떠날 때까지 수많은 장애를 극복해야 한다. 그중 부모로부터 받는 상처는 자녀의 일생에 가장 부정적인 장애가 된다. 실제로 부모로부터 받은 상처와 부정적 기억 때문에 평생을 괴로워하는 이들이 적지 않다.

며칠 전, 하노이의 한 카페에서 만난 고착에 빠진 청년이 생각났다. 청년의 마음속 깊은 곳에 자리잡은 고통을 생각해보았다. 그 상처가 청년의 마음의 문을 닫게 하였을 것이다. 마음의 문이 닫히면 대인관계가 대단히 허약해져 사회생활이 쉽지 않다. 이런 이유로 그 청년의 여행은 여행이 아니라 관계를 포기한 것이며 결국 사회를 등진 것이라 할 수 있다.

마음의 문과 세상을 보는 눈은 밀접한 관련이 있다. 마음의 문을 한 번 닫으면 세상을 보는 눈은 1/2로 작아지고, 마음의 문을 두 번 닫으면 세상을 보는 눈은 1/4로, 마음의 문을 세 번 닫으면 세상을 보는 눈은 1/8로 작아진다. 마음의 문을 닫으면 닫을수록 세상을 보는 눈은 작아지는 것이다.

살아오면서 남자들에게 상처를 받아 마음의 문이 세 번 이상 닫혔

마음의 문과 세상을 보는 눈은 밀접한 관련이 있다. 마음의 문을
한 번 닫으면 세상을 보는 눈은 1/2로 작아지고, 마음의 문을 두
번 닫으면 세상을 보는 눈은 1/4로, 마음의 문을 세 번 닫으면 세
상을 보는 눈은 1/8로 작아진다. 마음의 문을 닫으면 닫을수록
세상을 보는 눈은 작아지는 것이다.

던 분을 만난 적이 있다. 어릴 때는 바람피우던 아버지 때문에 받은 상처, 결혼 전에는 약혼남의 변심 때문에 받은 상처, 결혼 후에는 남편이 바람을 피워 이혼을 한 상처가 있었다.

이분과 오랜 시간 대화를 나눠보니 세상을 보는 시각이 더 이상 살아있는 자의 시각이 아니란 것을 알 수 있었다. 시각이 죽었다는 것은, 언어가 죽은자 혹은 살인자의 언어라는 뜻이며, 마음은 생명의 기운이 없는 황망한 마음이라는 뜻이다. 이런 분들을 자주 만나면서 부모로서 내린 결론이 있다. 어떠한 경우라도 자녀의 마음을 닫게 해서는 안 된다는 것이다. 부모에게 충분한 사랑을 받아야 할 때 받지 못하면 몸과 마음과 영혼의 건강을 모두 잃게 된다.* 이렇게 되면 세상과 사람에 대해 마음의 문을 닫아버린다.

아이는 부모에게 받는 상처에 무방비일 수밖에 없다. 부모가 전혀 알아채지 못하는 사이에 자녀가 상처를 받고 마음을 문을 닫는 경우도 적지 않다. 이런 경우 부모로서는 속수무책일 수밖에 없다. 그러므로 부모는 늘 언행을 바르게 하는 데 집중해야 한다.

> "자녀들이 당신의 말을 전혀 듣지 않는 것을 염려하지 말라. 아이들이 늘 당신을 지켜보고 있다는 것을 걱정하라." (로버트 풀검)

---

*월트 래리모아/트레이시 멀린스, 하나님이 창조하신 건강한 사람, 198쪽.

슬라디 경사에게
배우자

　7월 1일, 하롱베이의 잔잔한 바다 위에서 1박을 하고 이른 새벽 깨어났다. 2층 갑판 위로 올라가 크고 작은 산 또는 봉우리들과 바다, 그리고 태양이 연출하는 아름다운 풍경에 도취되어 꽤 긴 시간을 보냈다.

　3,000개에 이른다는 이곳의 봉우리들이 중국 계림의 작은 산들 또는 봉우리들과 매우 닮은꼴이어서 인터넷을 뒤져보니, 지질학적으로는 북쪽의 계림으로부터 남쪽의 닌빈까지 이어진 거대한 석회암 지역에 속해 있다는 것을 알게 됐다. 중국 사람들은 하롱베이를 '바다 위의 계림'이라 부른다고 한다.

아침 먹기 전에 잠시 쉬면서 인터넷을 검색했다. "뇌물 거부하고 폐지 주워온 인도네시아 경찰관 "뇌물 받느니 폐지 줍겠다" – 40년간 신념 지켜온 것으로 알려져"라는 제하의 기사가 눈에 들어왔다. 인도네시아 자바의 말랑 시에서 40년간 경찰관으로 봉직하면서 단 한 차례도 뇌물을 받지 않은 슬라디(57) 경사에 관한 기사였다. 한화 45만 원 정도의 매우 적은 월급 때문에 처가에 얹혀살 수밖에 없는 슬라디 경사는 2004년부터 수입원을 늘리기 위해 매일 밤 재활용품 등 쓰레기를 주웠다. 운전면허증 발급 업무를 담당하는 그가 이렇게 해서 밤새 고작 6,000원을 벌지만 "부모님께서 뇌물을 받지 말라고 가르치셨기 때문에 뒷돈을 주고 운전면허 시험을 통과하려는 사람들을 거부하고 있다"고 말했다. *

슬라디 경사와 같이 우리를 행복하게 하는 이들을 뉴스에서 발견하기가 참으로 어려운 세상이다. 뉴스를 보면 온통 악한 이들의 이야기로 넘쳐난다. 치열한 생존경쟁의 현장에서 지성, 윤리, 인간애 등을 외면하고 스펙 쌓기만을 강조하는 작금의 현실 때문이라고 한다면 지나친 억측일까? 이러한 현실은 학교교육에서도 여실히 드러난다.

1980년대, 미국 기업들의 스캔들에 일류 비즈니스 스쿨 졸업자

---

* http://m.media.daum.net/m/media/world/newsview/20160701142507149

들이 연루된 것을 보고 경악을 금치 못한 존 사드(John Shad, 전 SEC회장)는 자기가 졸업한 하버드 비즈니스 스쿨에 윤리 프로그램을 설치하라고 2,000만 달러를 기부하였다. 학교 측에서는 위원회를 구성하고, 그중 25만 달러를 윤리를 정의하고, 무엇을 가르쳐야 하는지를 구성하는 데 사용했다.

몇 달간 위원회는 논의를 계속하였고, 막바지에 이르러 논의를 세 가지 정도로 압축했다. 첫째, 하버드 비즈니스 스쿨은 학문을 가르치는 곳이지 윤리를 가르치는 곳이 아니다. 둘째, 누구의 윤리, 어떤 가치를 가르쳐야 한다는 말인가? 셋째, 우리학교 학생들은 이미 집이나 교회에서 윤리를 배워온 성년들이니 윤리를 가르칠 필요가 없다는 것이었다. 위원회가 끝난 후, 프로젝트는 중단되었고 존 사드의 기부금은 사용되지 않았다. 학교가 윤리교육에 얼마나 소극적인지 잘 알려주는 일화이다.

윤리교육이 사라진 학교의 문을 나서는 졸업생들에게 지조와 절개, 자존심과 인격을 기대할 수는 없다. 그저 사회의 추악한 시스템 속에서 괴물이 되지 않기만을 바랄 뿐이다.

약한 자의 피를 빨아먹는 악덕 사채업자나 매춘 관련자들, 인신매매자들, 부패한 관료들, 촌지를 받는 교사들, 학생들을 학원으로 내몰아 이를 통해 이권을 챙기는 교육 관련자와 교육공무원들(교장-교사 포함), 대학입학을 빌미로 체육특기생들을 신체적, 인격적, 심리적으로 학대하고 부모들의 돈을 뜯어먹는 감독들, 우월적 지위를 이용하여 선수, 사원, 부하 등을 성적, 신체적, 물리적으로 추행하는 이들, 자신의 진급을 위해 사병의 인격과 노동력을 착취하는 직업군인들, 애국보다는 진급에 혈안이 되어 있는 장교들, 애국보다는 자리 보존에 헌신하는 관료들, 법인카드를 제 것인 양 자기와 자기 가족을 위해 마음대로 사용하는 이들, 뇌물을 써서 진급하려는 이와 뇌물을 받고 진급시키는 이들, 탈세와 뇌물을 당연시 하는 사업가들, 자신의 목표달성을 위해 이웃은 물론 가족과 가정을 가차 없이 이용하고 희생시키는 이들, 교회 성장병에 걸려 성도들을 우민화하고 헌금을 사유화하는 성직자들, 자리싸움, 이권싸움, 세습꼼수난장 등으로 자멸에 이르러 사회에 악취풍기는 종교계 관련자들 등등……

이런 사람들이 판을 치며 선한 사람들의 피를 빨아먹는 이 시대에 40년간 뇌물을 거부하며 지조와 절개, 자존심과 인격을 지킨 슬라디 경사가 우리에게 던져주는 메시지는 매우 크다.

전략적
필드 트립

　　　　　　　　하롱베이에서 하노이로 돌아와 저녁 식
사 후 하노이 공항에서 공동체 지체들과 이별을 했다. 주향한공동체
지체들은 3년 전부터 세계화 교육의 일환으로 진행되는 해외여행으
로 지난 3월 28일부터 6월 18일까지 82일간 고원에 머물렀고, 19일
부터 오늘까지 12일 동안 우리 삼부자와 같이 시엠립과 방콕, 그리고
하노이, 하롱베이를 여행했다.
　　지체들은 7월 2일 새벽 인천으로 출발하는 비행기에 탑승하기 위
해 하노이 국제선 청사에 남아있고 우리 삼부자는 호치민(사이공)으

로* 가는 비행기를 타기 위해 국내선 청사로 이동했다.

심야에 멋지게 호치민에 도착하려 했는데 하노이 공항에서 계속되는 딜레이로 인해 결국은 지치고 충혈된 눈으로 도착했다. 20여 년 전 LA공항을 저녁 11시에 출발하여 새벽 5시에 시카고 공항에 도착하던 비행기를 자주 탔었는데 그때마다 충혈된 눈으로 귀가하던 생각이 났다.

호치민 공항을 빠져 나와 택시를 탔다. 방콕과는 다르게 대단히 깨끗한 택시와 친절한 운전사 그리고 정확한 미터요금제가 내 마음을 편하게 했다. 그러나 우기에 비 안 내리는 호치민이 낯설었다.

호텔에 도착하니 7월 2일 새벽 2시 30분이었다. 이곳에서 건축설계사무소를 운영하는 David Lee 대표가 우리 대신 호텔을 예약하고 미리 연락을 해놓은 덕분에 신속하게 체크인을 하고 여장을 풀 수 있었다.

점심에는 호치민 현지인들이 매우 사랑하는 전통식당 '홍티(Hoang Ty)'에서 현 사장을 만났다. 현 사장은 4년 전 이곳 호치민에서 BAM

---

* 사이공(Saigon)은 베트남에서 가장 큰 도시로 사이공 강과 동나이 강 하류에 자리 잡고 있다. 16세기에 베트남인에게 정복되기 전에는 프레이 노코르란 이름의 캄보디아의 주요 항구였으며 프랑스 식민지인 코친차이나와 그 후의 독립국인 남베트남(1954년~1976년)의 수도이기도 했다. 1975년에 사이공은 호치민 시로 이름이 바뀌었다.(위키백과)

Academy를 진행했을 때 참석한 이후 알게 된 분으로 매우 탁월한 크리스천 사업가다. 식사 후 현 사장이 1년 6개월 전에 오픈한 카페에 갔다. 내가 왜 두 아들을 데리고 왔는지를 너무나 잘 아는 현 사장은 10여 년 전 베트남에 선교사로 와 사업가로 자리잡기까지의 경험과 지혜를 구체적으로 말씀해주었다.

호텔로 돌아오는 길에, 현 사장이 알려준 의료기 상점에 들러 한국 돈으로 3천 원 정도에 튼튼한 스테인리스 지팡이를 샀다. 그리고 비를 맞으며 호텔까지 걸어왔다.

저녁 시간에 존경하는 김병석 사장을 만났다. 김 사장은 15개월 전에 호치민에 들렀을 때도 좋은 교제를 나누었던 참으로 귀한 분이다. 김 사장은 2014년 5월, 호치민 등지에서 발생한 반중 시위 당시 폭도들에 의해 공장 전체가 파괴되고 기계 및 많은 물건을 강탈당해 상상할 수 없는 피해를 입었다.

중국이 남중국해 파라셀 제도 인근에 석유시추 장치를 설치한 것이 원인이 되어 2014년 5월부터 2개월에 걸쳐 발생했던 이 사태로 100여 개의 외국 기업이 피해를 보았고 12개 공장이 불에 타 여기에서 일하던 6만여 명의 근로자가 실직 상태에 처했다.

자신의 공장에 몰려온 폭도를 피하려다 높은 곳에서 떨어져 의식을 잃은 채 생사를 넘나들었던 김 사장은 당시의 충격에서 완전히 벗어나지는 못했지만 당면한 난관을 지혜롭게 잘 극복하고 있는 중이다. 김 사장은 두 아들에게 폭도들에 의해 죽기 직전에 살아난 이야기와 이 사태를 처리하는 과정에서 마주한 베트남 정부와 보험사의 태도 등을 말해주었다.

오늘로써 삼부자 여행 24일째이다. 앞으로 한 달 이상 더 계속될 이 여행을 가능케 하는 아비로서의 신앙적 신념은 '타인은 주의 사랑으로 사랑하고 자식은 주의 이름으로 전략적으로 양육하라.'이다.

앨빈 토플러*가 말했듯이 이 세상엔 두 부류가 있다. 전략이 있는 사람과 남의 전략에 이용당하는 사람이다. 최고의 전략가이신 하나님의 자녀 역시 전략가이어야 한다. 하나님께서 우리에게 당신의 자녀를 맡기신 것은 부모의 지각과 기량을 다해 당신의 자녀를 전략가로 키우라는 뜻에서이다.

이런 이유로 나는 두 아들을 내 자식이라 생각해 본 적이 단 한 번도 없다. 하나님께서 내게 주신 모든 지각과 기량, 그리고 우리 부부의 권능으로 두 아들을 하나님의 자녀에 합당한 전략가로 양육하려고 몸부림쳤을 뿐이다. 이번 여행 역시 두 아들을 전략가로 세상에 파송하기 위한 실지 견학(field trip)의 일환이다. 특히 대학졸업을 앞둔

---

* 앨빈 토플러(Alvin Toffler)는 미국 뉴욕 태생의 작가이자 미래학자로, 디지털 혁명, 통신 혁명, 사회 혁명, 기업 혁명과 기술적 특이성 등에 대한 저작으로 유명하다.(위키백과)

큰아들의 진로를 모색하는 데 도움이 될 수 있도록 여행 장소를 정하는 것에서부터 만나야 할 사람을 정하는 것 등, 모든 것들이 전략 가운데 대단히 냉정하게 진행되고 있다.

인화와 착화

　　7월 3일. 두 아들은 호치민 시내를 돌아
다닌다며 나갔다. 2년 전 호치민의 'BAM Academy'에 참석을 할 때
큰아들과 동행했다. 큰아들이 이때 한번 와봤다고 조금 전 동생을 데
리고 나간 것이다. 오전 내내 숙소에서 쉬다 점심 먹으러 외출한 나
는 무더위를 피해 들어간 카페에서 한국인 가족을 만났다. 동남아의
한 국제학교에서 유학 중인 15세 아들과 보호자로 함께 살고 있는 엄
마, 그리고 기러기 아빠로 구성된 가족이었다. 아들의 방학을 맞이
하여 가족 여행 중이었다. 겉으론 평범한 가족처럼 보였지만 그 속을
들여다보니 아들은 엄마의 등쌀에 못 이겨 유학에 끌려왔고, 아빠는

아들 교육을 아내에게 일임했기에 자기 의견이 있어도 말하지 않고 있으며, 엄마는 유학까지 와서도 공부에 관심이 없는 아들 때문에 심기가 매우 불편한 상태에 있었다. 대화를 나누다보니 엄마와 아들이 유학지에서 출석하는 교회의 목사님이 내가 잘 아는 분이었다. 내가 목사이고 기러기 아빠 역할에 고수인 것을 눈치 챈 부부는 이러저러한 조언을 구했다. 나는 경험에서 우러나온 교훈을 말해주었다. 내가 말하는 내내 15세 아들은 고개를 숙인 채 스마트폰에 집중해 있었다.

자녀를 유학시키거나 또는 자녀와 같이 가서 뒷바라지하는 부모의 경우, 자녀 양육에 남다른 정성을 기울이고 많은 투자를 한다. 그러니 자녀에게 거는 기대가 남다를 수밖에 없다. 자녀들의 성적이 오르고, 성숙해 가는 것을 느긋하게 지켜볼 수 있다면 별문제가 없겠지만, 그렇지 못해서 문제가 많이 발생한다. 자녀의 성적이 오르지 않아 조급해하거나, 자녀에게 거는 기대가 높을수록 그렇다. 이런 부모는 자녀의 성적을 올리기 위해 지나친 동기부여를 하거나, 최루성 호소를 해서 문제를 더욱 키운다.

불을 들이대지 않아도 불이 붙는 온도가 되면 자연적으로 불이 붙는 현상을 인화라고 하고, 불을 들이대서 불이 붙는 현상을 착화 또는 발화라고 한다. 교육은 인화처럼 자녀의 가능성이 때가 되어 발산되는 환경을 제공하는 것이지, 인위적으로 착화시키려 해서는 안 된다. 자녀들의 안에 있는 모든 가능성(창의성, 재능, 리더십 등)이 자연스럽게 발산될 수 있는 환경을 제공해주는 것이 바로 교육(education)의 진정한 목적이다.

그러나 현실은 그렇지 않다. 성공을 보장한다는 패키지에 현혹된 부모들은 아이들을 이 패키지 시스템에 넣고는 자녀들이 그 안에서 강자가 되도록 강요한다. 이는 자녀의 주도성과 창의성을 죽이는 짓이다. 이런 식의 조기 유학이라면 빨리 포기해야 한다.

물질마다 인화온도가 다르고 착화(발화)온도가 다르듯 자녀들의 능력이 발산되는 때도 다르다. 그러므로 내 아이를 다른 아이와 비교해서는 안 된다. 내 자식이 남의 자식보다 잘 나가는 구석이 있다고 해서 우쭐-감격하지 말고, 모자란 구석이 있다고 해서 창피해 하거나 기죽을 필요도 없다. 자녀의 모든 가능성과 능력이 자연스럽게 발산될 때를 믿음을 가지고 기다려야 한다. 물론 자녀의 가능성과 창의력이 자연스레 발산될 수 있는 최적의 상황을 유지해 주면서 말이다.

대화를 끝내고 내가 먼저 카페를 나왔다. 유학생은 여전히 스마트폰에만 집중하고 있었다.

자녀를 창업 모드로
키워야 한다

　　　　　호치민 여행자 서리의 호텔에 묵고 있는
데 편한 점도 있지만 불편한 점도 있다. 이 거리는 관광객들과 현지
인들이 밤새 술 마시며 떠드느라 새벽 4시까지 시끄럽다. 자정이 되
어 자려고 누웠는데 밖이 시끄러워 쉽게 잠을 이룰 수가 없다. 이런
저런 생각에 뒤척이다 오늘 카페에서 만난 조기유학생 부모의 말이
생각났다.

　이분 말대로 우리나라는 자녀를 교육시키기엔 참으로 열악한 환
경이고, 공부를 마치고 나도 먹고사는 일을 보장할 수 없는 현실이
다. 사실 자녀를 키우는 부모의 입장에서 보면 지금의 한국 상황은

황폐하다. 한국이 '어린이가 가장 불행한 나라'라고 하지 않던가? 영국의 한 어린이 복지단체가 발표한 '2015년 행복한 어린 시절 보고서'에 따르면 한국 어린이 중 "삶에 만족하지 않는다."고 응답한 비율이 9.8%에 달해 조사대상 15개국 중 가장 높았다. *

뿐만 아니다. 지난 5년 사이 고학력 청년 일자리가 25만 개 이상 사라지면서 한국 청년층의 고용률은 OECD 상위 13개국 평균인 53.6%의 절반에도 못 미치는 상황이다. 그럼에도 고학력자가 필요한 일자리는 점점 줄고 대학진학률은 여전히 높아 일자리 미스매치가 날로 심화되고 있다. 이런 이유로 많은 부모들이 아이들의 미래를 걱정한다.

냉정하게 말해, 단 한 번도 세상이 선했던 경우는 없었다. 세상은 늘 악했으며, 악하고, 악할 것이다. 이 세상은 우리 아이를 절대 섬기지 않는다. 오히려 세상은 우리 아이들을 이용하고 희생시켜 자신들의 이익을 챙긴다.

우리는 사회에 대해서는 날카로운 경계의 눈빛을 보내면서 자기 가정에 대해서는 무신경하다. 이런 무신경한 부모 아래서 아이들은 창의력도, 시너지 창출 능력도, 사회경쟁력도 다 망가진 회복불능의 패잔병이 되어 '나를 이렇게 사용해주세요'라는 '자기 사용설명서'인

---

* 경향신문, 2015.08.19.

스펙만을 들고 사회에 진출하는 것이다.

이렇게 사회에 진출한 자녀들은 사회 시스템을 장악한 기득세력에 의해 희생당하며 살아가게 된다. 기득세력은 교사를 고용하여 학생을 가르치고, 학생은 사회에 나가 배운 대로 일하고, 그 이익은 기득세력이 챙기는 것이 지금의 학교 교육이다. *

> 학교라는 교육 시스템은 우리에게 곧 사라져 버릴 일자리에서 일하도록 가르친다. 우리는 똑바로 일어서야 하고, 차례가 돌아와야만 말을 하고, 배식구까지 정리된 방식으로 걸어가고, 지시사항을 따르고, 선 안에만 색칠을 하도록 교육받는다. 아이들은 규칙을 잘 따르면 상을 받을 것이라고 교육받는다. 이는 월급에 의존하는 사고방식을 심어준다. 매일 출근하고, 하라는 대로 시간을 투자하면 월급을 받게 될 것이다. (댄 밀러)

이렇게 불량한 시스템 속에서는 공부를 잘하거나 못하거나, 기득권자의 입장에서 보면 별 차이가 없다. 기득권자를 위해 학생들은 길들여지기만 하면 되기 때문이다.

부모는 이런 세상을 탓하기 전에, 자녀들이 거센 물살을 거슬러

---

* "We teach, you work, they profit." (Crimethinc, 115쪽.)

올라가는 연어처럼 불량한 세상에 휩쓸리지 않고 오히려 부딪쳐 이겨내는 자녀로 키워내야 한다.

그 방법 중 최고가 자녀를 취업 모드가 아니라 창업 모드로 키우는 것이다. 취업 모드가 맡겨진 일을 '잘해내는 능력'을 키우는 것이라면, 창업 모드는 모든 일을 '다르게 해내는 창조적 능력'을 키우는 것이다.

이와 관련하여 작은아들 이야기를 해야겠다. 작년 10월에 남미에 다녀오는 길에 뉴욕 맨해튼에 들러 한 주간 작은아들과 같이 있었다. 당시 작은아들은 디자인 스쿨에 입학한 지 막 한 달이 지나고 있었다. 작은아들은 첫 수업 시간에 교수가 했던 말을 내게 해주었다.

> 나는 너희들이 그림을 잘 그리도록 가르치지 않고 남과 다르게 생각하도록 도울 것이다. 여러분이 지금 입고 있는 옷, 가방, 그림 도구, 액세서리 이런 것들을 사지 말고 직접 만들어라. 남이 만든 걸 사서 입고, 가지고 다니고 또 남이 만든 스케치북에 그림을 그린다는 건 예술가로서 자질이 없는 것이다. 이제부터 너희들이 배워 온 모든 테크닉을 무시해라. 남과 다르게 생각하고, 표현하는 걸 생활화하라.
>
> 교수님 말씀이 바로 아빠가 어릴 때부터 제게 늘 해주시던 말씀이더라고요. 저야 지금까지 아빠가 말씀하신 대로 제가 직접 만들어 입고 차고 다니며 살아왔기에 교수님 말씀을 당연하게 받아들였지만, 이 학

교 들어오려고 학원에서 이것저것 남의 것을 열심히 따라 배운 애들은 황당했을 겁니다.

남을 따라가면 아무리 잘해도 2등이고, 2등의 자리조차도 밀고 올라오는 이들에게 빼앗긴다. 자녀를 취업 모드로 키우면 늘 빼앗고 빼앗기는 경쟁 속에서 창의력도, 시너지를 만들어내는 리더십도 발휘해 보지 못하는 인생을 살게 된다.

그러나 자녀를 창업 모드로 키우면 자녀는 자신만의 길을 찾아 늘 다르게 생각하고, 일상을 창의적으로 살아가는 게 몸에 배어 세상에 나가게 된다. 그러니 모든 부모들은 이제부터라도 자녀를 창업 모드로 키워야 한다.

돈벌이 유형

7월 4일. 4~5년 전 아내와 동남아 몇 나라를 여행할 때, 폭염의 호치민 거리를 걸어다니던 생각이 새롭다. 그 길을 두 아들과 걸어서 노틀담 대성당에 들렀다. 노틀담 대성당은 19세기 프랑스 식민지 시절 건설된 가톨릭 성당이다. 프랑스에서 공수한 붉은 벽돌로 건축한 네오 로마네스크 양식이 인상적이지만 특별히 많은 시간을 들여서 볼 곳은 아닌 관계로 무더위를 피할 겸 성당 맞은편의 카페에 들어왔다. 김태복 사장과의 점심 약속까지는 1시간 30분 이상 남은 관계로 녹차를 마시면서 두 아들에게 돈 버는 법에 대해 제법 긴 이야기를 해주었다.

오래 전부터 두 아들에게 신성한 노동의 대가인 돈 버는 방법에 대해 반복하여 가르쳐 왔고 그럴 때마다 두 아들은 경청했다. 그런데 이번에는 곧 졸업하면 진로를 모색해야 하는 큰아들의 두 눈이 유독 빛나고 있었다.

첫째, 도둑질이다. 사기, 절도, 갈취 등이 다 포함된다. 못된 초중고생들이 같은 학생들의 돈을 빼앗는 짓, 제대로 사업하지 못해 투자받은 돈을 날리는 짓, 그러면서도 자신들은 또박또박 월급 혹은 이익을 챙기는 짓 등이 그것이다. 너희들이 이런 합법적 사기를 당연시하는 사회에 적응하게 되면, 사기로 벌어먹고 살면서도 그것이 얼마나 나쁜 짓인지 모르게 된다. '나만 잘 살면 되지 않냐'는 생각이 들수도 있다. 하지만 그런 삶을 하나님께서 원하시겠니…… 난 하나님께서 원하지 않는 삶은 무조건 비극이라 본다. 너희들은 엔론(Enron), 타이코(Tyco), 월드-컴(World-Com), 아더 앤더슨(Arthur Anderson LLP), 그리고 버나드 매더프(Bernard Madoff)에 취직한 최고의 엘리트들이 세계의 부를 약탈하고 경제를 유린했던 일에 직간접적으로 관여했다는 사실을 꼭 알아야 된다.

둘째, 구걸이다. 구걸의 원인을 개인적이든 사회적이든 국가적이든 국제적이든 어떤 식으로든 제거해야 한다. 구걸로 너 하나는 생존할 수 있을지 몰라도 너희가 부양해야 할 사람들, 그리고 너희를 통해 세상으로 흘러가야 할 하나님의 것들에 대해서는 너무 무책임한 짓이다. 이런 무책임함의 대가로 너는 일평생 거지근성을 못 벗어나게 된다.

셋째, 일용직이다. 너희들은 생계수단으로서 일용직을 구하기보다는 일용직에서 벗어날 수 있는 시스템, 더 나아가서는 일용직이 존재하지 않는 일터환경을 만드는 기업가가 되어야 한다.

넷째, 정규직이다. 일용직보다는 안정적이겠지만, 월급 받은 만큼만 일하게 되는 타성에 빠져 너를 위해 또 세상을 위해 창의력을 발휘하는 것이 얼마나 위대한 것인지를 전혀 경험하지 못하게 될 것이다.

> 월급을 얻는 대신, 일터에서는 어떠한 혁신이나 혁명도 일어나지 않을 것이고, 당신은 오래된 노동방식에 갇히게 될 것이다. 전혀 창의적이지 않고, 머리를 멍하게 하며, 수준 낮은 임금과 보상을 하는 그런 노동방식 말이다. 생산직은 공장에서 반복적인 일을 하는 것이고 지식에 근거한 일은 자료와 정보를 분석하는 일이다. 이 두 가지 일의 방식 모두 기술발전과 아웃소싱에 의해 도태될 위험이 크다. 그러나 혁명적인 이들은, 매일 그들이 하는 일이 바뀐다. 그들은 결과를 만들어내고, 자신들이 얼마나 많은 시간을 일했는지에 구속받지 않는다. 그리고 그들은 여러 의미에서 놀랍고 독창적인 일들을 한다. (댄 밀러)

만약 정규직을 얻을 경우, 최고의 연봉을 받는 데 역점을 두기보다는 너의 사명을 이루는 데 역점을 두기 바란다. 이는 직업의식으로 일하지 말고, 소명의식으로 일하란 뜻이다.

그리고 성공지상주의에 빠져 돈 버는 데만 집중하지 마라. 그렇게 성공을 한다 해도, 너는 더 소중하고 가치 있는 것을 잃어버릴 게다. 그리고 기억해라 '일평생 한 직장만을 고집한 사람은 일평생 사장에게 현금을 선물한 것'이라는 사실을.

다섯째, 저축이다. 저축은 너의 돈을 안전하게 보관하는 데 의미가 있을 뿐, 이자 수익은 투자 수익에 비하면 아무 것도 아니다. 물론 투자한 돈이 다른 돈을 데리고 너희에게로 돌아오리라는 보장도 없고, 그 녀석들마저도 딴 곳으로 가버릴 위험도 존재한다. 그러나 너희는 저축보다는 투자를 해라. 투자는 야성과 도전정신을 꽃피워 큰 결실을 보게 한다.

여섯째, 투자이다. 먼저 어떠한 상황에서든 투기는 바람직하지 않다. 반면, 건전한 투자는 바람직하다. 건전한 투자는 결국 공장과 기업에 더 많은 기회를 주고, 고용을 창출하고, 나아가 국가와 세계 경제에도 이바지하게 되는 효과가 있으니, 너희들이 혹이라도 돈이 좀 생기면, 하나님을 위한 투자를 늘 우선하면서 건전한 투자에도 적극적이어야 한다.

일곱째, 사업이다. 사업은 하나님께서 너희에게 허락하신 투자와 리더십과 사업 시스템을 발휘하여 이익을 창출하는 일이다. 성경의 달란트 비유에 의하면(마 25:14-30), 주인은 종들에게 사업의 기회를 주고 이익을 남겼느냐 평가하시고(19), 보상을 하신다(21, 23, 30). 우리의 일은 분명히 주님에 의해 평가를 받는다.

물론 이익은 이웃을 섬김으로 얻어지는 필연적인 부산물이라는 사실을 명심해야 한다. 때문에 이익이 사업의 우선적인 목적일 수는 없다. 사업의 궁극적인 목적은 이익 혹은 주주가치를 극대화하는 것이 아니라 하나님을 영화롭게 하기 위하여 이웃을 섬기는 것이다.

월급을 주는 자와 월급을 받는 자의 리더십과 관점의 차이는 하늘과 땅 차이다. 월급을 받는 자들은 타성에 젖어 월급을 주는 자들의 야성을 도무지 이해할 수 없다. 잘 생각해봐라. 우리에게 적극적인 도전을 강조하는 영성이 야성에 가까울지, 타성에 가까울지. 이런 점에서 나는 다니엘 라핀의 "부의 축적은 영성을 표현하는 중요한 방식이다."란 말에 전적으로 동의한다.

너희가 사업을 한다는 것은 가난한 자를 일으키고, 복음을 노출시키고, 공동체와 사회에 선한 영향력을 끼칠 수 있는 기회를 가지게 된다는 것이다. 그러니 너희는 이 기회를 잘못 사용하여 너희 자식만 잘 먹이고 잘 살게 하고, 꼼수를 부려 자식들에게 기업과 유산을 다 넘겨주는 허망한 짓을 하지 마라. 그리고 탈세하지 마라. 그것은 훔치는 짓이다.

다시 말하지만, 하나님께서 너희들에게 많은 교육의 기회와 혜택을 주시고 이익을 얻을 수 있는 일을 주셨다면, 그것으로 가난한 자를 일으키고, 사회를 밝히며, 하나님 나라에 투자하는 일에 최선을 다해야 한다.

그리고 너희들이 직원들에게 아무리 많은 월급을 준다고 해도, 직원들의 입장에서는 늘 자신들이 바라는 것의 80%밖에 못 받고 있다고 생각할 가능성이 높다. 이것이 월급으로 살아가는 이들의 한계다. 그러니 무턱대고 월급을 많이 주려하지 마라. 그러나 너희만 더욱 부자가 되는 그런 짓 또한 하지 마라. 직원들은 너희가 하나님을 대신하여 섬겨야 할 대상이자, 너희와 같은 하나님의 자녀이다. 정말 소중히 여겨야 한다. 그러니 너희와 직원들이 다 같이 잘 살 수 있는 운영하고, 경비 절약의 이유만으로 나이 많은 직원을 젊은 직원으로 교체하지 마라.

너희들이 사업하게 될 21세기는 이익을 내면서 동시에 사회적인 가치를 증진하는 기업이 승리자가 될 것이다. 돈도 잘 벌고, 좋은 일도 많이 하는 기업이 결국에 최고가 될 것이란 뜻이다. 하나님 나라 입장에서 보면 돈을 잘 버는 것과 좋은 일을 하는 것은 별개의 목표가 아니라 하나의 목표이다

근검절약은
대단한 매력이다

　　10여 년 전 평양에 갔을 때 보통강 호텔
에서 며칠 묵었던 적이 있다. 호텔 로비에는 거대한 김일성-김정일
부자의 초상화가 있었고, 내가 사용했던 객실 안에는 짝퉁 명품으로
멋을 낸 북한 모델 사진이 인쇄된 달력이 있었다. 이것만으로도 당시
북한의 사정을 미루어 짐작할 수 있었다.

　누굴 만나려 사무실을 찾았을 때, 사무실 벽에 걸려있는 사진과
그림만으로 주인의 인격과 지성, 나아가 신앙의 성숙도를 알 수 있
다. 최첨단 빌딩에 고급 사무기기와 가구를 들여놓은 사무실이라고
하더라도 벽에 걸어 놓은 것이 전시용 사진이나 복제 프린트 그림뿐

이라면 사무실의 주인은 돈 외에 자신을 드러낼 게 전혀 없는 사람일 확률이 높다. 다시 말해, 돈으로 자신의 부족함을 어설프게 위장하고 있는 것이다.

몇 년 전 꽤 부자로 알려진 사람의 집을 방문했었다. 최고급 자재로 지은 집의 내부는 고가의 가구들로 꾸며져 있었다. 그러나 그 어느 곳에서도 주인의 지성과 문화적 깊이 또는 신앙적 성숙함을 느낄 수 없었다. 이런 사람에게 높은 인격을 기대하기는 어렵다. 그저 큰 돈을 자기가 부자임을 드러내는 데 사용할 정도의 인격을 갖췄을 뿐이다. 반대로 부자임에도 소박하게 꾸민 평범한 집에 살고 있다면, 인격이나 신앙심이 깊은 사람일 확률이 높다.

겉치장으로 자신의 텅 빈 내면을 감추는 사람들이 있는 반면, 겉차림은 수수하지만 인격과 지성, 문화적 감각, 신앙심 등이 드러나는 사람들이 있다. 이런 사람을 평생의 지인으로 두는 사람은 지혜로운 사람이자 복이 많은 사람이다.

존 F 케네디의 아버지로, 케네디 가문을 일군 거부이자 당대의 유명인사였던 죠셉 케네디의 집에는 수많은 거물들이 드나들었다. 하지만 그는 집의 장식에는 크게 신경 쓰지 않았다. 만약 실내장식이 검소한 고가구풍이 아니고 화려한 현대식이었다면 오히려 그 집의 가치는 떨어졌을 것이다. 가구와 같은 실내장식에 돈을 많이 쓰는 것은 죄와 다름없다는 것이 그의 신조였다.(마크 스티븐슨)

1985년 포브스가 선정한 세계 최고의 부자였던, 월마트의 창시자 셈 월튼은 근검절약의 대명사이다. 그는 회사 돈으로 비행기를 타야 하는 경우 3등석 좌석만을 이용했다. 물론 컨설팅이나 특강에 초대 받을 때 주최 측에서 일등석 표를 제공해주는 경우는 일등석을 탔다.

당시 셈 월튼의 집에 방문했던 사람들은 집이 너무 평범하고, 인테리어 또한 평범해서 놀랐다. 그것뿐만이 아니었다. 화장실에 놓여 있는 비누는 거의 예외 없이 셈 월튼이 출장 중 사용했던 호텔방에 놓여있던 것을 챙겨온 것이었다. 셈 월튼은 아들과 손자에게도 자신의 근검절약 정신을 가르쳐 월튼 가문이 오랫동안 미국의 최고 부자 가문으로 존경받게 했다.

부자임에도 자신을 낮추고 근검절약을 하는 이에게는 자연스러운 매력이 넘친다. 그래서인지 죠셉 케네디와 셈 월튼 주위에는 항상 사람이 들끓었다. 그들의 엄청난 부와 영향력 때문임을 부인할 수는 없지만, 그것만으로는 사람들을 끌어들일 수 없는 법이다.

대략 10여 년 전부터 한국의 젊은이들에게서 수수한 자연미가 사라져 가고 있다는 생각이 들기 시작했다. 다시 말해, 가공미가 자연미를 빼앗아 갔다고나할까.

같은 공장의 같은 틀에서 찍혀 나온 마네킹과 같은 외모에 모두가 알 만한 비싼 옷을 걸치고, 생기도 미소도 없이 꾸며진 표정을 짓고,

아나운서처럼 정형화된 말투로 대화를 하는 젊은이들이 많다. 이런 가공미는 사람들의 시선을 잠시 동안 사로잡을 수 있을지는 몰라도 금방 질리게 한다. 한 마디로 매력이 없다.

반면에 수수해 보여도 지성과 인격과 에티켓을 갖춘 사람들은 매력이 자연스럽게 발산된다. 이들은 굳이 자신을 드러내지 않아도 사람들이 몰려든다. 이렇게 사람들이 스스로 몰려들게 하는 게 진짜 매력이다.

이번 여행에서는 수수한 자연미를 발산하고 있는 젊은이들을 거의 발견하지 못하고 있다는 점이 참으로 아쉽다. 수수한 자연미를 발산하는 아가씨를 발견하면 두 아들에게 신붓감으로 강력히 추천해 줄 작정인데 말이다.

역경과 연단

　　7월 6일. 오전에 호치민 여행자 거리에 서 이발을 했다. 한국의 70년대식 가벼운 안마와 면도까지 해주는 풀 서비스를 받고 이발비 3,500원에 팁 500원을 합해 4,000원을 지불했다.

　이발하고 호텔로 들어서는데 호텔 매니저가 나를 보더니 대단히 멋있다고 치켜 올린다. 좁은 로비에 자리잡고 앉아서 매니저와 이야기를 나누었다. 매니저는 크메르 족이다. 캄보디아와 베트남 국경지역에 자라났는데, 그곳에 계속 있으면 자기의 미래가 너무 빤할 것 같아 베트남으로 밀입국했다고 한다. 처음에는 온갖 허드렛일을 했지만 영어를 조금 한다는 이유로 작은 호텔의 매니저가 되었다고 했다. 영어를 어떻게 그렇게 잘하냐고 물으니 막노동에서 벗어나려면 영어를 배워야 한다는 생각에 힘든 노동을 하면서도 악착같이 영어 공부에 매달렸기 때문이라고 대답했다. 대단한 친구였다. 이야기의 주제가 자연스럽게 우리 부자로 옮겨졌다.

"아버지와 두 아들이 같이 여행하는 모습이 너무 부럽습니다."
"당신도 부모님과 여행하세요."
"저는 부모님이 안 계십니다."
"……?"
"아버지는 제가 너무 어린 나이에 살해당하셨고, 어머니 역시 곧 돌아가셨습니다."
"…….."

매니저와 계속해서 많은 대화를 나누었다. 30대 초반인 매니저는 그 나이에 비해 정말 감당하기 힘든 경험을 했다. 그의 이야기를 듣다보니 한국 전쟁에 참전하시고 제대 후에 온갖 어려움을 겪으며 살아오신 나의 아버지 세대의 이야기인 것처럼 느껴졌다. 매니저는 나의 아버지 세대와 마찬가지로 숱한 역경(逆境)을 자기만의 방식으로 잘 극복해냈다.

역경을 극복하는 능력을 역경지수(AQ ; Adverslity Quotient)라고 한다. 역경지수가 높은 이들은 낮은 이들보다 성공할 가능성이 높다. 이들은 역경을 자신의 힘으로 이겨왔기 때문에 자기가 살아온 이야기를 자신 있게 말하는 것을 주저하지 않는다. 다시 말해 자기주장이 강하고 자신의 경험을 신뢰하며 자부심이 강하다고 할 수 있다. 그래서 역경지수가 높은 사람은 간혹 자신이 모든 어려움을 다 이겨낼 수 있다고 생각하는 슈퍼맨신드롬에 빠지는 경우도 있다.

역경 극복과 비슷한 의미로 쓰이는 단어가 연단(鍊鍛)이다. 사전적으로는 '쇠붙이를 불에 달구어 두드려서 단단하게 하다'는 뜻으로 인생의 역경을 어려운 수련으로 받아들여 이를 통해 몸과 마음을 굳세게 한다는 의미다. 연단의 경험이 많은 이들일수록 연단지수가 높다. 이들은 어려움을 이용하여 자신을 단련시키는 지혜로운 사람들이다.

같은 어려움에 처해서도 역경으로 받아들여 부딪히는 이들이 있고, 연단하는 기회로 받아들이는 이들이 있다. 세상은 역경을 극복하고 성공하는 것에 열광하지만 지혜로운 이는 연단 그 자체를 소중히 여기며 결과에 대해서는 무관심하다. 이런 이유로 연단을 통해 성공에 이른 이들은 더 겸손하다.

나는 매니저에게 역경을 극복하고 성공하는 것도 좋지만 이왕이면 연단을 통해 성공에 도전해보라고 말해주었다. 매니저는 내게 진심으로 감사하다고 했다.

호치민을 떠나며

　7월 7일. 여행을 시작한 지 벌써 한 달이
지난 우리 삼부자는 새로운 한 달간의 일정을 시작하는 오늘 아침 일
찍 호치민을 떠나 미얀마(Myanmar)의 수도 양곤으로 간다. 우리가 닮
기 원하는 이들이 누구냐에 따라 95%의 확률로 성공과 실패가 결정
된다고 한다. 이번에 호치민에서 내 자신뿐만 아니라 두 아들을 위해
만난 사람들이 있다. 특히 곧 졸업하는 큰아들을 위해 창업한 사람들
을 만나 많은 이야기들을 나누었다.
　먼저, 불과 몇 년 만에 재배, 가공, 판매 그리고 커피숍까지 안정
궤도에 오른 'Sevendays Coffee'의 현 사장이다. 현 사장은 커피 사업

에 있어서 공정거래와 고용안정과 복지, 또 환경보호까지 다 포함하는 총체적 사업가이자 Cafe humanistic specialist*로 발군의 사업능력을 보여주었다. 이에 망설임 없는 갈채를 보내며 두 아들에게 귀한 경험을 아낌없이 나누어준 것에 감사한다. 온갖 정성으로 우리를 챙겨준 김병석 사장의 환대에 깊이 감사한다. 김 사장이 들려준 빅 스토리는 두 아들이 인생난관을 믿음으로 극복해내는 데 대단히 큰 도움을 줄 것이다. 월요일 저녁 BAM 번개팅에서 뵈었던 귀한 동지들과 허심탄회하게 나누었던 대화를 마음 속 깊이 담아간다. 안식년에서 돌아온 영광인쇄의 김태경 사장의 건강한 모습과 BAM에 대한 깊은 통찰과 헌신에 감동받았다. 2년 만에 본 김태복 사장께 감사한다. 새롭게 시작하는 사업이 선한 일들로 대풍을 이룰 것이다. 또한 두 아들에게 해준 사업과 사역 이야기들은 두 아들이 미래를 개척하는 데 큰 도움이 될 것이다. 어제 최고의 점심을 대접해준 David Lee 대표께 감사한다. 올 2월에 이곳에 왔을 때도 너무 큰 섬김을 받아 잊

---

* 전 세계적으로 카페가 열풍이다. 하루 2,000원이 없어 절대 극빈자로 살아가는 이들이 수십억 명에 이르는 데 이들에 대한 적극적이고 실천적인 도움은 외면하고 단지 자신의 기호충족을 위해 한 잔에 수천 원하는 cafe를 마시는 또 다른 수십억의 기호 충족자들인 우리의 dehumanity는 참으로 거시기하다. 나는 이런 우리를 Cafe dehumanist라고 부른다. 가난한 이웃을 돕는 humanistic, 전문성보다는 커피콩을 그라인딩 & 로스팅하여 커피를 내리는 능력이 더 뛰어난 'cafe dehumanistic specialist'들이 계속 늘어나고 있다고 한다.

을 수가 없었는데 이번에는 더 크고 깊은 섬김과 환대를 받았다. 선한 영향력을 끼치며 건축설계로 이 나라를 섬기는 그 열정과 헌신에 다시 고개가 숙여지는 바이다.

또 만납시다. 호치민의 동지 여러분.

우리를 온전하게 살아가게 만드는 핵심적인 자질 중 하나는 다른 사람들과 오랫동안 친밀한 관계를 맺고 유지하는 능력이다. 인간의 성격은 다른 사람들과 어울려 지내는 방식에서 드러난다. *

* 브라이언 트레이시, 잠들어 있는 성공시스템을 깨워라, 황금부엉이, 37쪽.

미소는 자녀의 삶을
풍요롭게 한다

7월 8일. 어제 오후에 미얀마의 양곤(Yan-
gon)에 도착한 우리는 양곤에서 오랫동안 사업을 한 이 사장이 제공
한 숙소에서 잠시 쉬었다. 그리고 인레(Inle) 호수로 가기 위해 오후 6
시에 양곤에서 출발하는 버스를 탔다. 우리가 탄 버스는 수없는 산과
고개를 넘고 또 넘어 석양 속으로 빨려 들어갔다.

2010년 2월 작은아들과 요르단의 페트라로* 가기 위해 이집트

---

*페트라(Petra)는 요르단에 있는 고대 도시. 요르단의 수도인 암만에서 23시간 정도
떨어져 있는 바다 한 가운데 있는 해양도시다. 새로운 세계 7대 불가사의로 선정
된 곳 중 한 곳이다.

카이로에서 국경마을인 타바(Taba)로 가는 심야버스를 탔던 기억이
난다. 쉬지 않고 들리는 라디오의 코란 소리와 자욱한 담배 연기 속
에서 나와 떨어져 다른 좌석에 앉았던 작은아들은 밤새 무슨 생각을
했었을까?

생각을 멈추고 차창 밖을 보니 우리를 태운 버스는 어느덧 어둠이
짙게 드리워진 산길을 굽이굽이 돌고 있었다. 순간 영어 R자 발음이
탁한 비음으로 들리는 이스라엘 말이 들려왔다. 내 옆에 이스라엘에
서 온 젊은 커플이 타고 있었다. 이들은 몇 년 전부터 세계의 유명한
트레킹 코스를 다니고 있는데, 이미 페루의 마추픽추*와 뉴질랜드의
밀포드 사운드**를 트레킹했고, 지난주에 호도협***을 트레킹함으

---

* 마추픽추(machu picchu)는 페루에 있는 잉카 문명의 고대 도시이며, 1911년 미국의
  탐험가이자 역사학자인 하이럼 빙엄이 우르밤바 계곡에서 발견하였다. 그 유적은
  3m씩 오르는 계단식 밭이 40단이 있어서, 3,000개의 계단으로 연결되어 있다. 유
  적의 면적은 약 13km²로, 돌로 지어진 건물의 총 개수는 약 200호 정도된다. 마추
  픽추는 2007년 7월에 《새로운 세계 7대 불가사의》중 하나로 선정되었다. (위키백과)

** 밀포드 사운드(Milford Sound)는 영국 BBC가 선정한 세계 3대 트레킹중 하나다.

*** 호도협(虎跳峽)은 중국 윈난 성 리장에 있다. 양쯔 강의 상류인 진사 강(金沙江)
  이 이곳에 이르러 갑자기 방향을 바꾸어 북쪽으로 흘러가는데 그 협곡의 길이가
  16km에 이른다. 오른쪽 기슭에 있는 해발 5,596m 옥룡산맥과 왼쪽 기슭의 해
  발 5,396m의 중뎬 산이 있는데 양 기슭 사이에 있는 물길의 너비는 30~60m이다.
  중뎬 산 쪽에서 이 협곡과 나란히 하는 차마고도길이 세계 3대 트렉킹 코스이다.

로써 세계 3대 트레킹 코스를 완주했다고 자랑했다. 후에 샹그릴라에 올라가 트레킹하고 쿤밍으로 내려와 비행기를 타고 태국에 들른 뒤 오늘 양곤에 도착했단다. 짙은 갈색 곱슬머리인 젊은 청년에게는 남다른 매력이 있었다. 바로 끊이지 않는 미소였다.

인생을 살다보면 한마디 말로 천 냥 빚을 갚는 일이 있듯이 한 번의 미소로 평생의 귀인을 얻기도 한다. 미소는 상대의 경계심을 무너뜨려 친근감을 느끼게 하는 힘이 있다. 때문에 상대가 나와 좋은 관계를 유지하기를 원하거나 지금 좋은 상태를 유지하고 있는지를 알아볼 수 있는 가장 쉬운 방법이 상대의 미소이다. 상대가 나를 볼 때마다 미소를 지으면 상대는 나에게 우호적이라 할 수 있다. 자신에게 우호적인 사람과 관계를 형성하는 것을 마다할 사람은 없다.

건강과 성공과 행복을 이루게 하는 것은 좋은 관계이고, 이러한 관계를 유지하게 하는 것은 미소이다. 이때의 미소는 겉과 속이 다른 미소가 아니라 몸에 배인 자연스런 미소를 말한다. 자연스런 미소란 한 사람이 지닌 인격과 지성과 영성의 발산이다. 이러한 미소를 가능하게 하는 삶이 생산적 삶이다.

가장 아름다운 소리가 천사의 웃음소리고, 가장 아름다운 모습이 천사의 미소란다. 이런 미소는 끝없는 자기 희생과 죽음과 섬김으로 승화된 꽃이고, 애통과 탄식 그리고 자기 비움의 울음으로 만들어진 하모니이다. 진정한 미소는 누구라도 치유할 수 있는 미소이다. 지금 우리에게는 이런 웃음이 필요하다. 서로가 서로에게 치유의 미소를 아끼지 않았으면 좋겠다.

미소는 삶을 풍요롭게 한다. 자녀가 풍요로운 삶을 살기 원하는 부모라면 어떤 상황에서도 자녀가 웃을 수 있는 환경을 만들어주어야 한다.

> 당신이 밝은 미소로 아름다운 말을 걸 때, 당신이 따뜻하고 친절해질 때, 당신이 마음을 열어 진지해질 때, 사람들에게 존경과 관심을 표할 수 있고, 호의와 신뢰를 쌓을 수 있다. *

---

*비즈니스 바이블, 74~75쪽.

가업

　7월 9일. 이틀 전 심야버스로 11시간 50분을 달려 어제 새벽 5시 20분에 따웅지(Taunggyi)에 도착했다. 따웅지는 고도 1,430미터에 위치한, 샨 주(Shan State)의 주도(州都)이다. 주변 거주자까지 합쳐 약 10만 명 정도가 살고 있다.

　우리는 짙은 여명 속을 걸어 버스 종점에서 5분 거리에 있는 호텔로 갔다. 한동안 휴식을 취한 후, 우리에게 따웅지를 안내하기 위해서 나웅쉐에서 온 기사의 차를 타고 따웅지 구석구석을 다녔다.

　오늘 오전은 호텔로 온 기사의 안내를 받아 따웅지를 떠나 인레 호수*가 있는 조그만 도시인 나웅쉐에 도착했다. 6인승 모터보트를 타고 우리가 묵을 호텔로 향했다. 호텔로 향하는 도중에 인따족*을 보았다. 조각배에 한발을 딛고 다른 발로 노를 저으며 투망질을 하는 이들의 독특한 모습은 이미 세계적으로 잘 알려져 있다. 7월 9일에 보트를 타고 인레 호수 위를 오가다 부자인 듯한 두 사람이 고기를 잡는 모습을 보았다. 그 모습을 사진기로 찍으며 두 아들에게 말했다. "저렇게 능숙하게 그물질을 하는 걸 보니, 어릴 때부터 어른들이 하는 걸 보고 따라하면서 자연스럽게 기술을 익혔음에 틀림없다. 지금 저 아들은 열심히 일하는 아버지를 도우며 자연스럽게 기술을 익히고 있는 것이다. 말하자면 아버지에서 아들로 이어지는 가업(Family Business)을 익히고 있는 것이다." 가업은 함께하는 모델링-Training으로 자녀에게 전수된다. 전 세계적으로 이런 장인 가문들이 많이 있다. 수백 년을 이어오는 유럽의 공방, 일본의 식당, 중국의 식당, 터키의 바자르, 중동의 향신료 가게 등이 그렇다.

부모의 비즈니스가 자식에게 이어진다는 것은 부모의 기술과 비즈니스 운영방법, 거래선, 고객 등을 다 이어받는다는 것이다. 이는

---

* 인레 호수(Inle Lake)는 미얀마 샨 주의 민물 호수이다. 해발 875m의 산정 호수로, 길이가 22km, 폭이 11km이다. 인레 호수 안에는 17개의 수상 마을이 있으며, 약 1,500명의 인따족 사람들이 생활하고 있다. 이들은 인레 호수에서 태어나 수상마을에서 자라고 수상학교를 다니며 수경재배와 물고기를 잡으며 살다가 호수 위에서 생을 마감한다.

유형 자본뿐만 아니라 가치를 측정할 수 없는 어마어마한 무형 자본이 자녀에게 이어지는 것이다.

이런 이유로 부모의 가업이 어느 자녀에게로 이어지는지는 늘 초유의 관심사가 된다. 전통적으로 중국의 부자들은 외국에 나가서 비즈니스로 성공한 자녀에게 가업을 물려주는 경우가 많다. 일본에서는 아직까지도 자식이 부모의 가업을 물려받는 것을 큰 영광으로 생각하고 있다. 미국과 유럽의 경우는 자식들이 부모의 가업을 돈으로 사는 경우가 대부분이고, 한국은 가업이 주로 장남에게 이어지는 경우가 많다.

성경의 비즈니스 역시 일종의 가업이다. 그러므로 비즈니스를 통해 하나님의 사랑을 발산하는 크리스천 비즈니스를 하려면 가업으로 하는 것이 바람직하다.

전통적 교육방법으로 '3T'라는 것이 있다.

1) 일방적인 말(Telling)

일찍 자고 일찍 일어나라. 방청소 해라. TV 그만 봐라. 게임하지 마라. 낭비하지 마라 등등. 이건 일방적인 명령이다. 이를 반복할수록 아이들은 잔소리로 듣게 되고, 그 순간 아이의 뇌가 정지된다. 이렇게 되면 교육 효과는 마이너스다.

2) 설명(Teaching)

방법을 알려주는 거다. 예를 들어 방청소를 할 경우, "창문을 열고 빗자루를 들고 바닥을 쓴 다음 걸레로 닦아라."라고 일방적으로 설명하면 자녀들이 자발적으로 방청소를 하지 않게 된다. 공부도 마찬가지이다. 아이들을 왜 학원에 보내면 안 되는지 부모는 잘 알아야 한다.

3) 함께하기(Training)

훈련은 상호적(interactive)이다. 부모가 설명하고, 몸소 보여주며 (modeling), 아이와 함께 실행한다. 아이들은 스스로 보고 배운 대로 허드렛일도 하고 청소도 하게 된다. 이처럼 "어렸을 때부터 집안일, 허드렛일을 해야 성공한다"*

굳이 설명하지 않아도 가정교육에 있어 함께하기가 얼마나 중요한지 알 수 있을 것이다. 가업도 가정교육처럼 함께하기를 통해 이어지므로 부모가 자식과 같이 일하며 본보기를 보여주는 것이 무엇보다 중요하다.**

---

* 연합뉴스, 이강원 특파원, http://www.huffingtonpost.kr/2015/03/15/story_n_6871782.html
** 이탈리아 피렌체의 수제 명품 가방의 명가인 보욜라는 110년의 역사를 자랑하며 5대째 높은 명성을 잇고 있다. 주세페 잠발란이 1929년 85년 전통의 등산화 '잠발란'은 지금 3대째 가업으로 이어지고 있다.

창업으로
가업을 시작하자

　　　　　　산업혁명 이전의 유럽은 교회를 중심으
로 집안에서 경제활동과 자녀교육이 통합되어 이루어졌다. 집이 곧
가족의 일터이자, 자녀를 양육시키는 교육의 장이었던 것이다. 유럽
의 신실한 그리스도인들은 자녀들에게 반드시 건강한 세 개의 시스
템(건강한 가정, 건강한 믿음, 건강한 경제)을 넘겨주었다. 그러나 산업혁명
이후 급속히 진행된 도시화와 함께 집과 일터와 교회가 (거리상) 멀어
지면서 아버지는 공장으로 엄마는 가정으로 자녀는 학교로 분리되었
다. 이때부터 믿음과 교육과 일이 별개의 것으로 인식되면서 세속화
가 급속도로 진행되어 지금에 이르렀다.

자녀들에게 건강한 가정을 물려주려면 가정 안에서 믿음, 자녀교육, 경제활동이 통합적으로 이루어져야 한다. 이를 위해서 부모는 먼저 가족이 함께할 수 있으며 후대에 넘겨주어도 될 만한 업종을 창업하여 가업의 기초를 세워야 한다. * 가업에 전념하면서 화목한 가정을 이루며, 그 누구도 서로를 기능과 수단으로 취급하지 않는 가족 경제 시스템을 이어가고, 믿음으로 함께 살아가는 건강한 가정 공동체를 세워야 한다.

또한 크리스천의 창업은 위대한 사역이자 선교이기도 하다. 잘못된 회사 시스템에서 학대당하는 이들을 구출하여 이들에게 선한 근로 시스템과 복지를 제공할 수 있기 때문이다. 이런 의미에서 자녀에게 건강한 경제 시스템을 넘겨주는 것은 단지 가족에만 국한된 과제가 아니라 말라카를 아보다로 바꾸어 유지하는 위대한 사역인 것이다.

비록 한국의 가정과 기독교에서는 그 가치가 상실되었지만, 가업이 신실한 기독교 가정을 만들고, 자녀를 하나님의 아들딸로 세상에 파송하기 위한 최고의 시스템인 것은 분명하다.

---

* 경제를 뜻하는 영어인 economic의 어원이 가정을 뜻하는 헬라어 oicos인 것으로 알 수 있듯이 건강한 영적 시스템으로 작동되는 가정은 부를 창출하는 곳이자, 부를 세상에 유통하는 곳이고, 이로 인해 하나님의 나라가 확장되는 곳이다. 부와 사명을 최초로 부여받은 이가, 믿음의 조상 아브라함이고, 이로 인해 그 자손이 부를 누리게 되고, 이를 통해 열국이 부하게 되리라고 성경은 전하고 있다.(창 18)

아보다와 말라카*

하나님이 세상을 창조하셨을 때 에덴동산은 '물질적 풍요로움', '건강한 관계', '완벽한 환경', 그리고 '하나님과의 친밀감'이 조화를 이룬 축복의 장이었다. 이 네 가지 축복이 완벽하게 조화를 이룬 상태가 샬롬이다. 그런데 아담의 범죄 후 세상은 물질적 풍요로움이 사라졌으며, 관계가 파괴되었고, 환경이 오염되었으며, 하나님과의 친밀감이 상실된 정글이 되었다. 그 결과 인간은 동산(정원)의 법칙이 아닌, 정글의 법칙으로 생존해야만 했다. 정글의 법칙은 인간에게 끝없는 노동과 땀을 요구한다. 이러한 노동을 히브리어로 '말라카(Malakah)'라고 한다. 말라카는 에덴에서 추방된 인간의 생존만을 위한 노동이다. 바위를 굴려 정상에 올라가지만 결국 굴러 떨어져 다시 올리는 일을 반복해야만 하는 시지프스의 숙명과 같다.

말라카의 학대로부터 사람들을 구해 내는 일이 '아보다(Avodah)'다. 아보다는 하나님의 정원인 에덴에서의 일이다. 아보다는 하나님을 기쁘게 하는 모든 행위를 말한다. 예배하고, 섬기고, 나누고, 베풀고, 그리고 안식하는 삶 전체를 의미한다.

아보다는 에덴동산이 경제적, 사회적, 환경적, 영적으로 풍요로운 조화를 이룬 상태인 샬롬을 이루고 유지하도록 아담과 하와에게 부여된 사역으로 예배, 섬김, 환경보호와 관리, 노동 등의 사중적 의미를 가진 일이다.

---

* Harry Kim, 크리스천 사업가와 BAM, 성안당, 141~142쪽.

제4부

인생은 테크닉이 아니라 예술이다

국가, 사회, 학교, 교회, 직장, 가정이 우리에게 안전을 제공
한다는 것을 빌미로 창의력과 도전정신, 그리고 야성을 사
장시키려 한다면 부모는 이를 거부하고 자녀를 시스템 밖을
거침없이 날아오르는 독수리가 되도록 이끌어주어야 한다.

인생은 테크닉이 아니라
예술이다

　7월 10일. 인레 호수를 떠나 미얀마 만달레구(Mandalay Division)의 바간*으로 가는 도중 주일 예배를 드리기 위해 호수마을인 나웅쉐(Nyaung Shwe)의 한 교회를 찾았다. 미얀마어로 진행되는 예배라 설교를 전혀 알아들을 수 없었다. 그러나 예배당을 채운 아이들과 어른들의 모습을 보면서 내가 네 살 때부터 출석했던 교회의 모습을 떠올렸다.

---

*바간(Bagan)은 미얀마 만달레이 구의 고대 도시로 미얀마의 몇몇 고대 왕국의 수도였다.

교회에서 나와 냐웅쉐 중심가의 미얀마 전통음식점에서 점심 식사를 했다. 여주인은 동네 사람들과 외국인들에게 미얀마 전통음식을 소개하고 강의하는 일을 하고 있었다. 미얀마 토속 음식점을 운영한다는 것에 자부심이 대단한 사람이었다.

식당을 나온 우리는 냐웅쉐에서 농장을 운영하는 현지인을 만나기 위해 'The French Touch'라는 카페로 갔다. 프랑스인 사진작가가 직접 운영하는 이 카페는 프랑스 남쪽 지역의 해바라기를 연상케 하는 노란색과 파파야의 속살 같은 주홍색 휘장이 매우 독특했으며, 벽에 걸린 사진작품들 또한 대단히 인상적이었다.

이 작가는 인레 호수를 터전으로 열일곱 개 수상 마을에서 살아가는 현지인들의 일상을 사진에 담고 있었다. 특히 붉은 빛 두건을 쓰거나 기다란 목에 금빛 굴렁쇠를 차고 있는 카렌족* 여인들의 일상, 인레 호수에서 태어나 자라고 물 위에서 생을 마감한다는 인따족의 수상마을과 수경재배지 등 세상에서 오직 이곳에만 존재하는 것들에 많은 관심을 보이고 있었다. 작가와 대화를 나눠보니 단지 독특한 소재를 찾는 것이 아니라 인레 호수에서 살아가는 이들을 향한 자신만의 휴머니티를 표현하고 있는 예술가라는 사실을 알 수 있었다.

---

* 카렌족(Karen)은 카인 주를 중심으로 미얀마의 남부와 남동부에 주로 사는 민족 집단이다. 카렌족의 수는 미얀마 전체 인구의 약 14%로 약 1,000만 명이다. 많은 카렌족이 또한 타이(주로 타이-미얀마 국경)에 살고 있다. (위키백과)

예술가는 작품을 통해 이웃 또는 세상과 대화하지만, 테크니션은 테크닉에 집착해 자신만의 세계에 고립되기 쉽다. 예를 들어, 음악을 전공하는 이가 음악 외에는 도통 문외한이라고 한다면 이 사람은 예술가라기보다는 테크니션이다. 자기 음악을 타인에게 전수하고 보여주는 것에만 열중할 뿐, 타인의 것을 받아들이는 데는 인색하기 때문이다. 나웅쉐에서 자신의 사진작품을 이용하여 세상과 대화하는 예술가를 만난 것은 행운이 아닐 수 없다.

디자인을 전공하는 작은아들은 프랑스인 사진작가와 작품에 깊은 관심을 보였다. 작은아들이 오늘 아침 엄마와 채팅하면서 그림이 잘 안 그려진다고 투덜거리던 것이 떠올랐다. 아들이 투덜거릴 때 나는 모르는 척하고 있었다. 내가 '그림과 아들 사이'에 끼어들어 아들의 예술세계와 인생관에 초를 칠 이유가 전혀 없었기 때문이다. 사실 '그림은 그리고 싶을 때 그리는 것이 아니라, 그려져야 그리는 것이다.'라는 조언을 해주고 싶었지만 참았다. 이건 들어서 배울 수 있는 것이 아니라 스스로 체득해야만 하는 것이기 때문이다.

나는 그림 그리기를 직업으로 해서는 안 된다고 고집한다. 그림은 그려지는 것이지, 그리는 것이 아니기 때문이다. 그림 그리는 것을 직업으로 하다보면 억지로 그려야 할 때가 있고 이런 경우 그림이 기교로만 채워질 가능성이 높기 때문이다.

예술은 인생의 표출이지, 테크닉의 발산이 아니다. 인생이 풍부해지고 성숙해짐에 비례하여 예술은 그 깊이와 가치가 커지는 것이다.

나는 작은아들에게 먼저 경제적으로 안정적인 수입구조를 만들고 이 토대 위에서 인성, 지성, 예술성, 신앙의 성숙이 조화를 이루는 삶을 살아야 한다고 말해주었다. 이런 것이 바탕이 되어야 그림 그리기가 예술이 될 수 있기 때문이다.

인생은 예술이기 때문이다. 인생 역시 테크닉만으로 살아가면 안 된다.

조장은 파장이다

　7월 10일, 저녁 비행기를 타고 바간 공항
에 도착한 우리는 택시를 타고 호텔로 오면서 기사에게 바간 여행에
대한 많은 정보를 얻었다. 기사는 친절하고, 영어가 유창했다. 그래
서 기사에게 내일부터 시작할 바간 여행에 기사 겸 가이드로 우리의
여행을 도와달라고 부탁했다.
　7월 11일. 바간의 일출을 보기 위해 새벽 4시에 일어나 어둠 속

＊쉐산도(Shwe San Daw Paya)는 바간에 있는 불교 사리탑으로 세계적으로 잘 알려진
　관광지이자 불교도들의 순례지이다. 쉐산도 파고다에는 석가모니의 머리카락이
　보관되어 있다고 한다.

의 쉐산도*를 올라갔다. 일출을 보고 호텔로 돌아와 아침식사를 하고, 반나절 택시 투어를 했다. 폭염에 계속 파고다를 보러다니는 것은 힘만 들고 별 의미가 없었다. 일찍 점심을 먹고 호텔로 돌아가 쉴 작정으로 택시 기사에게 식당을 몇 곳 소개해달라 해서 적당한 식당을 찾아 들어가 앉으니 채 오전 11시가 안 되었다. 기사에게 식사를 같이 하자고 하니 집에 가서 먹겠다고 한다. 한두 번 더 청했지만 극구 사양했다.

"왜 그리 단호하세요?"
"열여섯 살의 딸과 아홉 살의 아들이 있는데, 아이들을 대학에 보내기 위해서는 돈을 악착같이 모아야 합니다."
"점심을 대접해드린다니까요."
"외식을 하면 돈을 모을 수 없어서 어떤 경우에도 외식을 하지 않기로 가족끼리 약속했습니다."

나는 결국 더 이상 청하는 것을 포기했다. 기사는 두 시간 후 우리를 데리러 오기로 하고 집으로 갔다. 이 모습을 지켜보고 있던 두 아들에게 자녀의 대학등록금을 모으는 기사의 결의가 이 세상 모든 부모의 마음일 거라고 말하며 논 팔고 소 팔고, 거기다가 끼니까지 걸러 가며 모은 돈으로 자녀들을 공부시켰던 과거 우리나라의 부모님

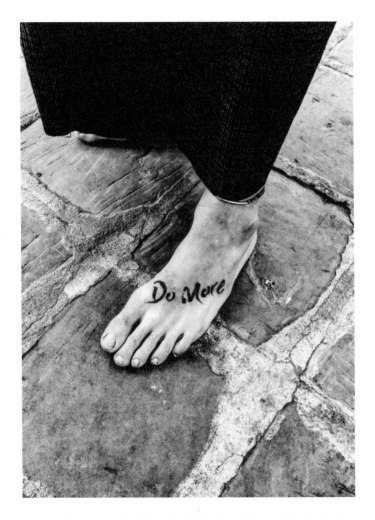

농사는 씨를 뿌리고 잘 가꾸어서 정해진 때에 좋은 결실을 맺도록 최선의 환경을 제공해주는 것이다. 그런데 성급하게 결실을 얻으려고 온갖 짓을 저지르다 보면 결국은 농사를 망치게 된다. 교육도 이와 같다. 자녀가지닌 가능성의 씨앗이 잘 자라 좋은 결실을 맺을 수 있는 환경을 제공해주어야 한다.

들에 대해 이야기해주었다. 이어서 등록금뿐만 아니라 학원비, 과외비, 레슨비 등을 마련하느라 고생이 심한 오늘날 한국의 부모들에 대해서도 이야기했다. 부모의 고생이 오히려 자녀들의 인생을 망치도록 조장하고 있다는 생각에 안타까운 마음이 들었다.

조장(助長)은 송나라 때, 한 농부가 벼를 빨리 자라게 하는 방법을 찾다가 벼의 목을 뽑아 말라 죽게 했다는 이야기에서 나온 단어다. 인위적으로 성장시키려다 오히려 죽이고 만다는 속뜻을 가지고 있다. 농사는 씨를 뿌리고 잘 가꾸어서 정해진 때에 좋은 결실을 맺도록 최선의 환경을 제공해주는 것이다. 그런데 성급하게 결실을 얻으려고 온갖 짓을 저지르다 보면 결국은 농사를 망치게 된다. 교육도 이와 같다. 자녀가 지닌 가능성의 씨앗이 잘 자라 좋은 결실을 맺을 수 있는 환경을 제공해주어야 한다. 그런데 교육의 모든 영역에서 조장이 시스템화되고 프로그램화되어 자녀들의 가능성을 고사시키고 있는 것이 오늘날 현실이다.

학원, 도장, 과외, 캠프, 수련회, 해외연수 등등, 이런 일과 관련된 일부 전문가들의 뻥과 공포심 조장에 농락당해 부모들은 자신도 모르게 자식 교육에 희생과 헌신을 하고 있다. 자식을 망치는 방향으로 말이다.

한국에서 가장 이해하기 힘든 것은 교육이 정반대로 가고 있다는 것이다. 한국 학생들은 하루 10시간 이상을 학교와 학원에서 자신들이 살아갈 미래에 필요하지 않을 지식을 배우기 위해 그리고 존재하지도 않는 직업을 위해 아까운 시간을 허비하고 있다. 아침 일찍 시작해 밤늦게 끝나는 지금 한국의 교육제도는 산업화 시대의 인력을 만들어내기 위한 것이었다. (엘빈 토플러)

어떠한 경우도 자녀에 대한 부모의 헌신이 조장으로 변질-악화되어서는 안 된다. 조장은 성장을 파괴하는 파장(破長)이기 때문이다. 점심식사를 하며 '조장'에 대해 토론했는데, 두 아들이 온갖 사례를 들어 이야기보따리를 풀어가는 걸 보니 우리 부부가 두 아들에게 조장질 하지는 않았다는 생각이 들었다.

허기

7월 12일. 아침식사 후 호텔 로비에서 만난 영국인과 바간에 대한 이러저러한 느낌과 생각들을 주고받았다. 바간 지역은 공산당원들과 기득의 이익집단에 의해 경제적으로 완벽히 통제되는 지역인 듯하다. 도시 계발이라든가 경제 발전, 이런 것에는 관심이 없고 기득의 이익집단들이 현 상황을 유지하면서 이익을 더 많이 독식하려고 혈안이 되어 있을 뿐이다. 이렇게 되면 "생산 활동에 투입될 자원을 낭비할 뿐 아니라 생산 활동을 억제하고 비효율적으로 만들어서 생산액 자체가 크게 줄어든다. 게다가 그런 조직을 만들기 어려운 사회적 약자들은 손해를 보게 돼 분배 문제를 악화시킨다."*

　세계적인 관광지인 바간이 기득권자들의 이런 '지대 추구'**에서 벗어나지 못한다면 이곳에서 사는 이들의 미래가 희망적일 수 없다. 기득권과 부가 계속 대물림되면 대부분의 사람들은 경제적 허기를 벗어날 수 없다. 바간의 현지인들을 만나 진솔한 이야기를 나눠보면 이런 생각이 틀리지 않았다는 사실을 확인할 수 있을 것이다.

　영국인과 대화가 길어져 오전 10시가 넘어갔다. 바깥은 벌써 후끈 달아오른 상태였다. 폭염 속에 돌아다니는 것은 무리일 것 같아 오전에 바간 뉴 시티를 둘러보려던 계획을 취소했다. 오전 내내 호텔에서 수영과 휴식을 반복하던 우리는 양곤행 비행기를 타기 위해 오후 4시에 호텔을 출발했다.

─────────────

* 사회평론가인 복거일에 의하면 "사회가 원숙해지면 분배적 연합들은 차츰 늘어난다. 그래서 경제의 핏줄이 막혀 사회가 동맥경화증에 걸린다. 분배적 연합은 구성원들의 열렬한 지지를 받으므로 혁명이나 외국의 지배와 같은 사회적 파국을 통해서만 줄어든다. 영국과 미국은 그런 사회적 파국을 오랫동안 경험하지 않은 사회여서 분배적 연합들이 무척 많다. 반면에 제2차 세계대전에서 패배한 독일과 일본은 분배적 연합들이 다 사라졌고 덕분에 빠른 경제 성장을 이루었다."

** 지대 추구(地代追求, rent-seeking)는 기존의 부에서 자신의 몫을 늘리는 방법을 찾으면서도 새로운 부를 창출하지는 않는 활동을 말한다. 지대 추구 활동에 의해 고르지 못한 자원 분배, 실질적 부 감소, 정부 세입 감소, 소득 불균형의 심화, (잠재적) 국가 약화 등의 현상이 일어날 수 있으며, 이에 대한 결과로 경기 효율이 떨어진다. (위키백과)

바간에서 양곤까지 가는 동안 저녁 먹을 시간이 애매해서 비행기에서 준 빵 한 조각으로 저녁을 대신했다. 그런데 지인이 제공해준 게스트하우스에서 여장을 푸는데 허기가 몰려 왔다. 하지만 늦은 밤에 식사를 하러 나가자니 운전사를 비롯해 여러 사람을 힘들게 할 것 같아 그냥 참기로 했다.

허기는 몸에 에너지가 필요하다는 신호이다. 에너지가 공급되지 않으면 우리 몸은 스트레스를 받기 때문에 다른 일에 집중할 수가 없다. 허기가 지면 누구라도 허기를 해결하는 것에만 집중한다. 구약성경에 의하면 허기로 곤비(困憊)에 처한 에서는 동생 야곱에게 팥죽 한 그릇에 장자의 권리를 판다. 에서가 평상시였다면 이처럼 '이성과 지성'을 완벽히 배제한 결정을 내릴 리 없었을 것이다.

사람들은 문제에 맞닥뜨렸을 때 대부분 이성적이며 지성적인 결정을 내린다. 신앙인들의 경우 '이성과 지성을 포함하여 영적 결정'을 내린다. 그런데 이런 사람들도 자기가 감당(혹은 이해)하지 못할 상황에 이르면, 이성을 상실하여 '어처구니없는 결정'을 내리는 경우가 적지 않다. 이런 이유로 '이성과 지성'이 마비될 수밖에 없는 상황이나 속수무책의 슬픔을 당한 사람들에게 '그 이후의 6개월에서 2년 안에 어떤 결정도 내리지 못하게 해야 한다.'고 전문가들은 조언한다.

'어처구니없는 결정'은 어떤 명분으로도 용납해서는 안 된다. 그렇다면 '어처구니없는 결정'을 어떻게 예방할 수 있을까? 어릴 때부터 전략적인 훈련을 하면 된다.

이 훈련은 3~4세 이전에 마무리 되어야 한다. 어리다고 해서 어린 아이들의 '이성과 지성'이 배제된 막무가내식 결정을 용납해서는 안 된다. 물론 막무가내식 결정을 안 하도록 하기는 쉽지 않겠지만 그 결과에 대해서만큼은 반드시 책임을 지도록 해야 한다.

예를 들어, 저녁식사 상을 차리는데 아이스크림을 먹고 싶다고 하는 아이가 있다면 아이에게 아이스크림과 저녁식사 중 하나만 선택하게 한다. 만약 아이가 아이스크림을 선택하면 저녁은 못 먹게 한다. 아침식사 전까지는 아이가 배가 고프니 밥 달라고 제 아무리 떼를 써도 밥을 안 준다. 어떤 사람은 '애들이 뭘 안다고 그러느냐'며 못마땅해 할 수도 있다. 하지만 나는 이런 말을 해주고 싶다.

"감성과 본성은 연령을 초월한 감정입니다. 그러니까 개인과 공동체 그리고 사회에 도움이 안 되고, 덕이 안 되는 감정적 결정을 내리지 않도록 아이들의 가치관이 굳어지기 전에 엄격히 훈련해야 합니다."

나쁜 버릇은 좋은 버릇으로 고친다는 말이 있듯이, 그런 식으로 3세에 훈련된 습관은 80세를 넘어 100세에 이르기까지 계속된다. 성숙하고 영적인 결정을 내리면 그 삶이 성숙하고 영적인 것이 되는 것은 당연하다.

허기에 잠 못 이루자니 이런 저런 생각들이 꼬리에 꼬리를 물고 있는 지금이다.

부모의 헌신적인
사랑을 알게 하라

　　7월 13일. 오늘은 한국에서 알고 지내던 C 부부가 양곤 시내를 가이드해주었다. 배 타고 양곤 강을 건너가 싸이카를 타고 빈민촌을 돌면서 네 살, 여섯 살의 두 아들을 둔 C 부부와 자녀교육에 대한 많은 이야기를 나누었다. 나는 25여 년 전 즈음에 〈타임〉지에 실린 '미국 아이들이 부모의 헌신적인 사랑을 너무 당연시 한다'는 기사의 내용을 이야기해주었다.

　　아이들의 천국이라는 미국만큼 아이들에게 지극 정성인 나라도 흔치 않다. 법적, 문화적, 교육적으로 아이들은 제왕에 버금가는 대접을 누리고 있다. 그러나 자녀들은 건강하고 성숙한 미래를 위해 양질의 양육과 훈련을 받아야만 하는 대상이란 사실을 잊어서는 안 되며, '부모의 무조건적 헌신' 덕분에 양질의 양육과 훈련을 받을 수 있다는 것을 잊어서는 안 된다.

문제는 양질의 양육과 훈련을 공·사립학교 시스템에만 의존하는 부모들에게 있다. 부모가 자녀 양육에 대한 전략적 주도권을 상실하고 학교 시스템에만 의존하면 참담한 결과를 맞게 된다. 자녀가 부모의 헌신적인 사랑에 감동을 못 받을 뿐만 아니라, 당연시 여기는 것을 넘어 다른 부모와 비교를 서슴지 않게 되는 것이다.

한국처럼 학원 시스템에 대한 의존도가 심각하게 높은 상황에선 부모가 자녀에게 에너지를 쏟아부으면 부을수록, 아이가 인성과 사회성, 그리고 창의성을 기를 기회는 점점 줄어들게 된다.

> "많은 공부 시간은 어린 학생들의 창의성을 방해한다. 스스로 문제해결능력을 개발하는 것이 더 중요하다. 현대사회에선 지식의 양을 늘려도 창의력으로 이어지지 않는다." (파시 살베르그, 헬싱키대 교수)

난 그 원인을 부모의 '무절제'로 본다. 부모의 무절제한 자녀 사랑, 시도 때도 없이 공부하라는 잔소리, 무조건적인 '학교-학원 시스템 의존'은 아이를 혼란스럽게 만들어 효율적인 공부를 방해한다.

초등학교에 입학하기 전부터 아이에게 학원 순례를 시키고 있는 부모들은 데니스 프레이저의 다섯 가지 질문에 귀를 기울일 필요가 있다.

1) 나는 아이가 성적도 중간 정도고 지능도 보통이지만 다정다감 하길 원하는가? 아니면 다정다감하진 않지만 지능적으로 아주 우수하길 원하는가?

2) 나는 아이의 다른 면을 개발시키는 것과 비교해 아이의 윤리적 인 면을 개발하는 데 어느 정도의 시간과 노력을 쏟고 있는가?

3) 나는 아이가 선행을 했을 때, 성적이나 운동에서 좋은 결과를 얻었을 때만큼 칭찬을 하거나 상을 주는가? 나는 아이의 성격 적 결함보다 저조한 성적이나 다른 단점들에 더 민감한 반응을 보이고 있지는 않은가?

4) 나는 내 아이가 다른 아이들에게 하는 행동들을 유심히 살펴보 는가? 그렇다면 만일 내 아이가 다른 아이에게 잘못된 행동을 할 때 내 아이에게 강한 불만을 드러내는가? 예를 들어, 아이 가 집에 친구 한 명을 초대했는데, 공교롭게도 아이가 좋아하 는 다른 친구가 같은 날 아이를 자기 집에 초대해 아이가 처음

약속을 취소하고 싶어 한다면 나는 그렇게 하도록 할 것인가?

5) 나는 내 아이에게 끊임없이 (인사나 태도, 자세 등에 대한) 예절을 교육시키고 있는가?

노부부

　　7월 14일. 오전에 양곤을 출발하여 방콕 돈므앙 공항에서 라오스(Laos) 루앙프라방* 행 비행기를 타고 조금 전에 도착했다. 인구 6만여 명의 루앙프라방은 라오스 북부에 위치한 고대 도시로 도시 자체가 유네스코 세계문화유산으로 등록되어 있다.

---

* 루앙프라방(Luang Prabang)은 라오스 북부에 위치한 고대 도시이다. 도시 자체가 세계문화유산으로 유네스코의 세계유산(루앙 프라방의 도시)에 등록되어 있다. 라오스의 수도 비엔티안에서 메콩 강을 약 400km 상류로 거슬러 올라가 칸 강과 합류한 곳에 위치한다. 인구는 약 60,000명이다. (위키백과)

요즘 심플 라이프가 대세이다. 그런데 심플 라이프는 자기정리가 제대로 된 이들만이 누릴 수 있는 특권이다. 자기정리가 안 된 이에 게 심플하게 살라는 것은 숨이 막 넘어가는 이에게 죽지 말라는 말 과 같다.

심플 라이프보다 더 의미 있는 삶은 '심플－슬로우 라이프'다. 심 플 라이프가 자기정리가 잘 되어 있는 사람이 누리는 권리라면, 슬 로우 라이프는 자기 영혼의 최종 목적지를 분명히 알고 있는 이들만 이 누릴 수 있는 축복이다. 자기정리(정체성 확신)와 자기 영혼의 영원 한 안식처(신앙함)에 관심 없는 이들에게 '심플－슬로우 라이프'를 살 라는 것은 모독이다.

심플－슬로우 라이프의 대표적인 도시로 각광을 받고 있는 루앙 프라방에서 4박 5일 동안 머무를 숙소를 잡기 전에 한 카페에 들어갔 다. 바로 옆자리에 멋진 미국인 중년부부가 있어서 한참 동안 대화를 나눴다. 그런데 노신사가 지난 학기에 작은아들을 가르친 교수의 친 구라고 한다. 교수와 노신사와는 파슨스디자인스쿨* 동문라고 한다. 파슨스 졸업 후 노신사는 공업디자인 관련 일을 하다 은퇴하고 현재 는 작품에 전념하고 있다고 한다. 부인은 1887년 설립된 미국의 가장

---

*파슨스디자인스쿨(Parsons The New School for Design)은 미국 뉴욕에 위치한 사립 미술 대학이다. 1896년 설립되었으며, 세계에서 명성 있는 디자인 대학들 가운데 하 나로 간주된다.

큰 아트 스쿨 중의 하나인 프렛(Pratt Institute)을 졸업하고 현재 교수를 하고 있으며, 부부는 맨하탄 첼시 겔러리 구역(Chelsea Gallerly District)에서 산다고 했다. 노신사는 작은아들에게 명함을 주며 뉴욕에서 보자고 했다. 헤어질 때 내가 노신사에게 귓속말을 했다.

"당신 부인이 지금 젊은 두 청년과 이야기하느라 상당히 신이 난 것 같다."

"그런 거 같아."

이곳에서 며칠 머무는 동안 기회가 되면 부부와 밥 한번 같이 먹어야겠다고 생각했다. 그나저나 이곳에 오면서 일부러 호텔을 예약하지 않고 왔다. 현찰 박치기로 호텔을 싸게 구하는 법을 가르치기 위해서다. 나는 지금 시원한 카페에서 휴식을 취하고 있고 두 아들은 호텔을 구하느라 빗속을 바삐 오가고 있다.

시각화 & 형상화

　　7월 15일. 오늘은 무조건 쉬는 날이다. 여
행은 정해진 목표를 달성하는 것보다 잘 쉬는 게 더 중요하기 때문이
다. 긴 여행을 계획할 때는 짬짬이 쉬는 날을 끼워 넣는 것이 참으로
중요하다. 새로운 지역에 가면 최소한 하루 이상은 편한 곳에서 잘
쉬어야 한다. 그래야 노동이 아닌 레크리에이션(recreation, 원기회복)으
로서의 여행을 할 수 있다. 쉬어야 회복이 되고, 그래야 새로운 출발
을 할 수 있다. 운동이 노동이 되면 몸이 스트레스를 받아 피곤해지
듯, 여행도 노동이 되면 스트레스를 받아 몸이 피곤해진다. 이렇게
되면 여행 자체도 힘이 들지만 일상으로 돌아와서도 후유증이 남아

정상적인 복귀가 힘들다. 이런 이유로 우리는 여행 중 새로운 지역이 도착하면 하루 이틀은 호텔 안에서 마냥 뒹굴며 쉰다. 방을 구할 때도 패밀리 룸을 구해 삼부자가 같이 자기도 하고, 방 두 개를 구해 두 아들과 떨어져 자기도 한다. 잠자리 때문에 스트레스를 받으면 여행이 노동이 되기 때문이다.

조금 전 점심식사를 하러 다녀오다 큰아들이 추천한 카페에서 커피를 마셨다. 카페 주인이 뿜어대는 담배 연기를 피해 도망치듯 카페를 나와 호텔로 오는데 어제의 노신사 부부가 호텔 옆 식당에 있는 것을 발견했다. 작은아들이 "교수님" 하고 부르면서 식당 안으로 들어가 인사를 하고 잠시 대화를 나눴다. 나는 밖에서 손짓으로 인사를 주고받았다. 노부부는 늙어감을 참으로 멋지게 즐기고 있는 것이 분명했다. 내일 저녁엔 적당한 식당을 골라 이분들을 초대할 생각이다.

작은아들을 보고 있자니 문득, 작은아들의 대학 입학과 관련된 일이 떠오른다. 작은아들이 12학년 때인 2014년 어느 날, 행아웃으로 화상채팅을 걸어왔다. 가고자 하는 대학에 내야 할 에세이 때문이었다. "아버지가 자신에 대해 기억하고 있는 네 가지를 아버지와 직접 대화하고 받아쓰라"는 것이 에세이 작성 지침이었다. 나는 망설임 없이 이야기를 해주었다.

첫째, 어린 시절, 네가 안 보이고 조용하다 싶으면 너는 항상 집안 어딘가에서 일을 저지르고 있었다. 그래서 네 별명이 '저질러'였다.

둘째, 넌 항상 몸을 흔들며 랩을 하고 있었다.

셋째, 어느 날 아빠가 귀가했을 때 네가 오랜 시간 색소폰을 부르던 모습이 기억난다.

넷째, 나는 네가 공부하는 모습을 단 한 번도 본 적이 없다.

내가 작은아들에게서 발견한 재능이 몇 가지 있는데, 그중 가장 경쟁력이 있고 성공할 가능성이 있는 것은 디자인 능력이다. 작은아들은 자신의 직간접적인 경험들을 자기 안에서 시각화(visualization)* 하고 독특하게 형상화(imagery)** 하는 능력이 준수하다. 2014년 10월 말 나와 큰아들이 한 달여간 브라질 여행을 하고 이른 아침 시카고의 애들 집에 도착했을 때 작은아들이 학교 가려고 집밖으로 나오고 있었다. 양손에는 제법 큰 그림이 들려져 있었는데, 자신이 입학하고자 하는 대학에 보낼 포트폴리오였다. 포트폴리오를 보는 순간 나는 속으로 '대단하다!'고 탄성을 지르며 "너는 무조건 합격이다."라고 말해주었다.

작은아들의 포트폴리오에는 미국의 거의 모든 주를 다니며 본 미

---

* 시각화(視覺化)는 눈앞에 없는 물체의 영상을 마음속에 그리는 것이다.
** 형상화(形象化)는 형체가 분명하지 않은 추상적인 본질 따위를 어떠한 방법이나 매체를 통해 구체적이고 뚜렷한 형상으로 나타내는 것이다.

술관들과 현지의 구조물과 자연경관들, 룩소의 거석건물, 가자의 피라미드와 스핑크스, 사막, 요르단의 페트라, 아야 소피아와 블루 모스크, 카파도키아와 에베소의 폐허 아고다, 아테네의 반듯한 석재건축과 비엔나의 상대적으로 앙증맞은 성당, 프라하의 올드 타운과 챨스 다리, 프랑크푸르트의 건물들, 로마의 건축물과 바티칸, 밀라노의 두우모와 베네치아의 수상 도시, 파리의 오르세 미술관과 루브르 박물관, 베르사유와 개선문, 쌍티에레즈의 가로등빛과 천안문, 꼬맹이 시절부터 다녔던 수많은 미술관에서 본 그림과 조각 등이 내면의 시각화 과정을 거쳐 그림으로 형상화되어 있었다. 이처럼 자신의 개성을 한껏 드러낸 포트폴리오 덕분에 작은아들은 매우 우수한 성적으로 원하던 학교에 입학했다.

작은아들이 이번 두 달간의 동남아 여행을 통해 지금까지 경험하지 못했던 또 다른 세상을 경험하고, 이를 통해 자신만의 방식으로 시각화하고 형상화하는 능력이 길러졌으면 하는 바람이다.

자녀 양육의 아홉 가지

　　　　　　　　우리부부가 두 아들을 영적 노마드로 양
육하여 세상에 파송하기 위해 집중해 온 아홉 가지가 있다.

1) **롤모델십**(role modelship). 자녀는 부모를 모방하며 자란다. 인간
　은 피조물 중 최고의 모방 능력을 지녔다. 그런데 21세기 인류
　는 부모의 롤모델십 상실이라는 비극을 맞이했다. 이런 불행한
　환경에서 성장한 아이들이 가정의 의미를 모른 채 결혼을 하
　고, 부모됨의 의미를 모르면서 아이를 낳아 기르고 있다. 이들
　은 자녀를 좋은 교육 기관에 보내기 위해 애쓸 뿐, 자녀의 인격

성숙에는 무관심하다.

지금이라도 늦지 않았다. 부모가 자식에게 바른 삶을 보여주어야 한다. 그래야 자녀는 부모를 롤모델 삼아 자신의 인생을 건강하게 꾸려갈 수 있다.

2) 자녀의 미래를 가장 확실하게 보장하는 방법은 효도를 가르치는 것이다. 자녀에게 효도를 가르치는 것은 하나님을 경외하는 모든 부모의 의무이다. 자녀가 부모를 공경하고 경외하도록 가르치되, 구체적이고 철저하게 가르쳐야 한다.

나는 '부모를 공경하고 경외하도록 하는 교육'에 대해서 탈무드의 도움을 받았다. 탈무드에 따르면 공경과 경외는 다르다. 공경은 긍정적인 행위를 실천하는 것이고, 경외는 부정적인 행위를 피하는 것이다.

"공경은 자녀가 부모에게 먹을 것과 마실 것을 주고 부모를 보호하며 부모가 연로해 도움의 손길이 필요할 때 부모의 거동을 도와야 한다는 의미이다. "간단히 말해, 자녀는 자신이 어리고 연약했을 때 부모가 자신에게 해주었던 것과 똑같은 방식으로 연로한 부모를 돌봐야 한다는 것이다. …… 경외란 자녀가 아버지 자리에 서지도 앉지도 말며 아버지의 말에 반박하지도 말고, 아버지의 뜻에 반하는 일도 하지 말

아야 한다(분쟁에서 아버지나 어머니와 대립하는 상대의 편을 들어선 안 된
다)는 뜻이다."*

**3) 부모에게 항상 감사할 줄 아는 자녀로 키우는 것은 자녀의 미
래를 행복하게 하는 최고의 방법이다.**

자녀를 향한 부모의 사랑은 마땅한 것이지만 자녀들이 이를 당
연한 것으로 받아들이도록 가르쳤다면 그 아이는 부모를 잘못
만난 것이다. 부모는 자녀가 부모의 사랑에 감사하며 살도록
양육해야 한다.

**4) 스펙 쌓기보다 인격수양이 더 중요하다는 사실을 가르치는 것
이다.** 돈을 내는 거 외에는 자녀교육에 지혜롭게 개입하는 법
을 모르는 부모의 자녀들에게서 참된 인격을 기대할 수는 없
다. 이들은 스펙을 쌓아 남보다 돈은 더 챙길 수는 있겠으나 미
성숙한 인격, 관계 상실, 제로 리더십, 제로 시너지, 불행, 건강
상실로 인생이 암울할 것이다. 학교는 인격과 윤리 문제에 관
해서는 완벽하게 무능하다. 감옥에서 오히려 범죄 기술을 숙달
해 나오듯이 적지 않은 자녀들이 학교를 졸업하면서 비도덕,

---

* 키드쉰 31b, 랍비 죠셉 텔루슈킨.

거친 욕, 잔꾀의 달인이 되어 나온다. 내 아이는 절대 그렇지 않을 거라 생각 말고 잘 관찰해보라. 가정은 최고의 학교, 부모는 완벽한 스승이 되어야 한다.

5) **자녀가 자신에게 주어진 자유의지를 지혜롭게 사용하도록 하는 것이다.** 믿음은 자유의지(free will, 선을 택할 수 있는 의지)를 선택할 수 있는 특권이며, 특권은 믿는 자에게만 주어진 축복이다.(악을 택하는 것은 자유 의지가 아닌, 방종이자 죄일 뿐이다) 자녀에게 최고의 교육을 제공한다는 명분으로 자녀의 자유의지를 빼앗지 말자.

6) **자녀에게 공동체로 살아가는 소중함과 그 방법을 보여주는 것이다.** 인간은 서로 의지하며 살도록 태어난 관계적 존재이다. 이 불량한 세상에서 우리의 자녀가 아름다운 삶을 살기 위해서는 공동체의 일원으로 살도록 가르쳐야 한다.

7) **개인의 차별화를 가르치는 것이다.** 차별화는 우리 인생에 대박을 가져다준다. 확실히 다르고(different), 별나고(unique), 화합(synergy)해야 성공한다. 스펙만 강요하다 차별화 교육에 실패하면 자녀는 시스템에 학대당한다. 스펙을 키우는 것이 최선

이라는 허상에 빠져 자녀의 야성과 창조성, 그리고 일생의 자유와 행복을 막는 무개념 부모가 되어서는 안 된다. 자녀에게 차별화된 교육을 제공하려면 부모가 먼저 차별화된 삶을 살아야 한다.

8) **부모는 자녀의 재능을 개발하는 사역에 헌신해야 한다는 것이다.** "우리 모두는 창의학자(創意學者)들이자 혁신가며, 발명가이자 창조적 천재여야 한다."라고 레너스 스윗은 말했다. 모든 아이들은 천재가 될 재능을 가지고 태어난다. 재능에는 무한한 가능성과 그것을 실현할 수 있는 아이디어와 기술이 들어 있다.

자녀 안에 존재하는 가능성을 개발하는 것이 매우 중요하다. 가능성에는 창조성이 포함되어 있다. 누구라도 특정분야에 창조적 천재성을 가지고 있다. 이런 점에서 재능 개발은 가능성을 실현하는 것인 동시에 창조성을 개발하는 것이다.

9) **자녀가 거시적 시각을 가지게 하는 것이다.**
시각이 제로(0)인 사람은 자폐적이고, 미시적 시각인 사람은 가족과 집단 이기주의를 벗어나기 힘들고, 시각이 중간(mezo)인 사람은 이웃에 선한 영향력을 끼칠 수 있고, 거시적 시각의 사

람은 빅 스토리에 사로잡혀 믿음의 눈으로 세계를 품고 구체적
으로 섬길 수 있다.

자녀의 재능 개발을 책임질 최고의 적임자가 바로 부모들이다.
모든 부모는 세상의 그 어떤 일과 사역 또는 자신의 자아실현
보다 먼저 하나님께서 맡기신 자녀 양육, 특히 자녀들의 재능
개발에 집중해야 한다.

기대와 사랑

     7월 16일. 두 아들은 루앙프라방 관광의 랜드마크인 꽝시 폭포에 가고 나는 살인적인 더위를 피해 에어컨이 작동되는 거의 유일한 곳인 조마 카페에서 원고를 다듬었다.

    누차 말해 왔듯이, 나의 자녀관은 분명하다. 두 아들은 하나님께서 내게 양육을 맡기신 하나님의 자녀이다. 나는 두 아들의 유모이

---

*몽학선생. 고대 그리스의 가정에서는 믿을 만한 노예에게 아이들이 학교에 오가는 길을 동행하고 그 생활을 보호하고 감시하는 일을 맡겼는데, 이 노예를 몽학 선생(paidagwgov)이라 한다. 아이들은 16세가 되어 성인이 되기까지는 몽학선생의 감독에 복종해야 한다.

자, 몽학선생(蒙學先生, guardian)*이며 나의 일거수일투족에서 발산되는 그리스도의 향기로 두 아들을 자라나게 해야 할 인도자인 것이다. 나는 두 아들에 대해 그 어떠한 기대도(expectation) 하지 않을 것을 늘 다짐한다. 사람들은 기대가 크면 실망도 크다면서 자녀에게 기대해 봤자 결국 실망만 한다고 한다. 그러나 내가 두 아들에게 기대하지 않는 것은 실망할까봐 두려워서가 아니다. 두 아들을 사랑하는 것이 더 중요하기 때문이다. 여기서 사랑은 부모의 사랑이 아니라 하나님께서 부모를 통해 두 아들에게 주시고자 하는 사랑을 말한다.

이 사랑은 감정적 사랑이나 연민이 아니라 보다 큰 사랑이다. 이 사랑은 두 아들 안에 있는 그리스도에 대한 열정(passion)과 사람들에 대한 긍휼(compassion)이 시너지를 이루어 자신들의 발길이 머무는 곳 어디에서나 소금과 빛의 역할을 감당하는 삶을 살아가게 할 것이다.

그러므로 두 아들에 대한 나의 기대는 철저히 제거하시고, 두 아들에 대해 전적인 사랑(total compassion)을 가지게 해달라는 기도가 늘 최우선인 것은 당연하다.

평생교육

　　7월 17일. 무더운 날씨에 좁은 호텔방에 있기가 힘들어 에어컨이 잘 돌아가는 넓은 공간을 찾아 나서지만, 갈 곳이 뻔하다. 조마 카페뿐이다. 카페에 앉아 있다 보면 정말 많은 한국인 관광객들을 볼 수 있다. 어떤 카페는 몇 시간 동안 한국인들로만 가득 차 있는 경우도 있다.

　　이들 중 내 옆자리에 앉아 있던 두 한국인 청년과 대화를 나누었다. 많이 배웠으나 직장을 잡지 못한 이 청년들은 자신들을 흙수저라고 했다. 한 청년은 자신을 스펙 쌓기의 희생자라고 했고, 다른 청년은 규칙만 강조하는 교육정책, 더 나아가 부패와 적폐로 엉망인 우리나라를 믿을 수 없다고 했다. 나는 청년들의 말에 전적으로 동의하며 창의력과 도전정신을 빼앗는 지금의 학교교육에 대해 많은 이야기를 나누었다.

학교교육은 인생에서 정당하게 성공할 수 있는 길을 닦는 첫 단계일 뿐이다. 그런데 첫 단계부터 기계적, 비이성적인 학습을 강요당하다 보니 학생들은 공부에 적응을 못하거나, 적응하더라도 공부를 혐오하게 된다. 이런 일을 겪은 학생들은 졸업을 하고 나면 공부에 대한 정이 떨어져 평생학습은 꿈도 꾸지 않게 된다. 평생학습이라는 즐거움을 아이러니하게도 학교교육이 망치고 있는 것이다.

학교는 명문이라는 타이틀을 얻기 위해 학생을 이용해서는 안 되며, 교사는 학생이 평생학습하는 삶에 연착륙할 수 있도록 지도해야한다. 부모 역시 평생학습하는 태도를 지니고, 자녀가 학교 시스템에 희생당하지 않도록 안내해야 한다.

따라서 학교 시스템이 평생학습과 도전정신을 막고 있다면 학생과 부모와 교사는 결연히 연대하여 학교교육을 단호히 거부해야 한다.

가족이 함께하는
저녁식사의 소중함

　　7월 18. 오전에 루앙프라방의 호텔을 나온 우리는 비엔티안(Vientiane) 행 비행기 탑승 시간까지 남은 시간을 효율적으로 보내기 위해 수영장을 찾았다. 수영장에서 더위를 피하며 오후를 보낸 우리는 저녁 비행기로 비엔티안에 도착했다. 비엔티안은 라오스의 수도로서 메콩 강변에 위치해 있다.

　　인구 680만 명 정도로 추정되는 라오스는 슬로우 관광 1위 국가이다. 그러므로 이 나라의 수도인 비엔티안에서 '심플—슬로우 라이프(simple—slow life)'를 즐길 줄 아는 여행자야말로 라오스를 이상적으로 즐기는 사람이라 할 수 있다.

대학원 동문인 박 사장이 마중을 나왔다. 박 사장과 나는 지난 30년 가까이 호형호제하며 지내는 사이다. 박 사장 부부는 선한 사업에 헌신하기 위해 20여 년의 미국생활을 정리하고 3년 전 라오스로 왔다. 이들은 문맹률이 높은 라오스의 아이들을 섬기기 위해 수도 비엔티안에서 자동차로 한 시간 떨어진 외곽에 유치원을 건축 중이다.

늦은 밤에 도착했는데 제수씨(박 사장의 처)가 저녁을 준비해놓았다. 한 달여 만에 먹어보는 한식이자, 한 달 반 만에 먹어보는 가정식이었다. 맛있게 식사를 하면서 '가족이 함께하는 저녁식사(Family Dinner)'의 가치와 의미에 관해 이야기를 나누었다.

현대인들은 자아실현이라는 명목 아래 개인주의와 편리주의 그리고 성공제일주의(careerism)에 푸욱 절어 있다. 게다가 아무 죄의식 없이 '일곱 대죄(Sven Deadly Sins)'를 범하고 있다. '일곱 대죄'는 창조력 상실, 리더십 상실, 멘토 상실, 돈 관리 능력 상실, 건강관리 능력 상실, 갈등처리 능력 상실, 가족과 함께하는 저녁식사의 상실 등이다.

이중, 가족이 함께하는 저녁식사는 자녀들의 위험한 행동을 막고, 학교생활에 도움을 준다고 익히 알려져 있다. 실제로 최근 연구에 의하면 가족식사를 많이 할수록 청소년들은 더 바른 정서를 가지게 된다고 한다.

아무리 바쁜 시대를 살아가고 있지만 최소한 저녁식사만큼은 가족이 함께해야 한다. 저녁식사를 항상 같이 하는 가족치고 그 관계

가족은 식구(食口)다. 함께 먹는 최소의 혈연 공동체이다. 그리고 식탁은
행복을 나누는 장이다. 이런 의미에서 "건강한 가족관계의 가장 큰 지표
중 하나는 식사를 함께하는 것이다. 함께 먹는 가정은(매주 다섯 번의 저녁
식사) 갈라지지 않는다."는 체리 예츠타인(Cheryl Wetzstein)의 주장에 전적
으로 동의한다.

가(부부관계, 자녀관계, 형제관계, 자매관계, 남매관계) 건강하지 않은 가족은 거의 없다.

가족은 식구(食口)다. 함께 먹는 최소의 혈연 공동체이다. 그리고 식탁은 행복을 나누는 장이다. 이런 의미에서 "건강한 가족관계의 가장 큰 지표 중 하나는 식사를 함께하는 것이다. 함께 먹는 가정은(매주 다섯 번의 저녁식사) 갈라지지 않는다."는 체리 예츠타인(Cheryl Wetzstein)의 주장에 전적으로 동의한다.

부모는 가족이 함께하는 행복한 식탁이 두 개의 보다 의미 있고 사명적인 식탁으로 확장되는 모습을 자녀에게 보여주어야 한다.

첫째는 회사(company)이다. 회사는 이웃과 함께(com) 빵(pony)을 나누는 또 다른 의미의 가족이다. 규모와 관계없이 회사를 세워 직원들에게 월급을 줌으로써 그 가족의 빵(생계)을 책임지는 것은 무엇보다도 중요하다.

둘째는 식탁공동체이다. 사회적 존재인 인간은 공동체적 삶을 살아간다. 기독교 역시 공동체적 삶을 중요하게 여긴다. 공동체의 중요한 사역 중 하나가 식탁공동체로 '함께함'이다. 가정의 식탁을 부자와 가난한 자, 주인과 종, 남녀노소 구별 없이 주님의 이름으로 함께 하는 만찬으로 확장하는 것은 모든 성도의 사명이다.

함께하는 식사만큼 행복한 것이 없다. 이를 확장시키는 것이 사업이고 사역이다. 이 여행이 끝나고 한국에 돌아가서도 두 아들은 한

달 정도 집에서 지낼 예정이다. 우리 가족은 '가족과 함께 저녁식사'
하는 행복을 절대로 놓치지 않을 작정이다.

미국인들은 평균 주 5일 저녁식사를 가족이 함께한다고 한다. 미국인
들이 "이런 '저녁이 있는 삶' 라이프스타일을 고수하는 것이 가족과
지역공동체를 유지하고 잉여에서 나오는 창의력을 유지하는 원천이
아닐까 싶다. 안식일 저녁식사를 반드시 온 가족이 함께하는 전통을
가지고 있는 유대인그룹도 마찬가지다. 똑같은 설문조사를 한국에서
실시한다면 한국인들은 과연 일주일에 몇 번 가족과 함께 식사한다고
대답할까. 문득 궁금해졌다."*

---

* http//ppss.kr/archives/37648

자녀들이 건강한 가정에서 자랄 수 있는 시스템을 만들어주어야 한다

　　7월 19일. 이른 아침부터 박 사장과 우리 삼부자가 박 사장 부부가 건축 중인 유치원 입구의 진입로에 자갈을 까는 작업을 했다. 오랜만에 제대로 땀을 흘렸더니 스트레스와 더불어 몸 안의 노폐물이 빠져나가면서 몸과 마음이 상쾌해졌다. 노동은 그 자체로 훌륭한 치유책이다.

　　작업이 끝나고 원두막에서, 제수씨가 차려온 아침식사를 했다. 박 사장 부부의 자녀 이야기와 우리 아이들에 대한 이러저러한 이야기를 나누었다. 두 집 아이들이 비슷한 또래이고 또 외국에서 부모와 떨어져 산다는 공통점이 있어서인지 대화가 잘 통했다.

대화의 결론은 이렇다. 부모의 건강한 사랑을 받을 수 있는 가정이 건강한 가정이고 이런 환경에서 자라는 것만한 축복이 없다는 것이다. 건강한 가정이 되려면 세 가지 시스템이 구축되어야 한다.

첫째는 믿음 시스템이다. 가정의 구성원 전체가 믿음으로 그리스도의 몸을 이루면 이것이 믿음 시스템이 된다. 이는 또한 에덴동산에서 하나님께서 아담과 하와를 통해 이루신 최초의 믿음 공동체를 회복하는 것이기도 하다.

둘째, 성경적 가정 시스템이다. 역사적으로 수많은 가정 모델과 가정 시스템이 등장했지만, 하나님이 원하시는 시스템은 성경이 말하는 가정 시스템이다. 성경적 부모, 성경적 남편과 아내, 성경적 자녀가 성경적 가정의 구성원으로 가정을 섬기는 것이 바로 성경적 가정 시스템이다.

셋째. 성경적 부(wealth) 시스템이다. 돈이 모이면 재물이 된다. 깨끗하게 모은 재물을 하늘에 쌓으면서 부의 시스템이 구축된다. 부는 하나님의 방법, 지혜, 자원의 지혜로운 사용들로 쌓고, 하나님과 이웃을 섬기기 위해 따로 모은 재물, 성취감, 성숙한 관계, 존경받음(respected), 리더십, 건강, 믿음 등의 여덟 가지 조화로 이루어진다.

부가 시작되는 곳이 바로 가정이다. 부는 건강한 가정을 통해 대를 이어 확장된다. 이런 의미에서 가정은 '부'라는 비즈니스가 가장 숭고하게 이루어지는 거룩한 일터(marketplace)가 된다.

가정이 위의 세 가지 시스템으로 작동하면, 건강한 가정이라 할 수 있다. 건강한 사회 시스템을 가진 국가가 건강한 국가이듯, 건강한 시스템을 가진 가정이 건강한 가정이다. 따라서 부모는 자녀들이 건강한 가정에서 자랄 수 있는 시스템을 만들어 주어야 한다.

언스쿨링

7월 20일. 박 사장 집에서 11시경 출발하여 비엔티안 공항의 식당에서 점심식사를 하고, 박 사장 부부는 우리를 호텔에 내려주고 떠났다.

작은아들과 나는 오후 3시부터 5시까지 호텔 수영장에서 수영하며 쉬었다. 그러면서 딸 둘과 13살짜리 막내아들과 함께 4주 일정으로 동남아를 여행 중인 네덜란드인 부모와 짬짬이 많은 이야기를 나누었다.

이어 나는 작은아들과 수영을 하면서 네덜란드에 대한 이야기를 주고받았다. 나는 먼저 네덜란드가 강대국 사이에서 살아남고, 국민

개개인이 넉넉하게 살고 있는 이유에 대해 말했다. 선조들이 개발한 무역 시스템, 화예를 비롯한 다양한 분야의 원천 기술, 역량 있는 프리랜서들, 그리고 고흐와 같은 예술가와 신학자 등등에 대해서도 대화를 나누었다. 또 우리나라가 강대국 틈에서 네덜란드처럼 글로벌한 시각을 가지고 여러 영역에서 새로운 일을 만들고 선점하여 유통 시스템을 구축해 놓았다면 어떠했을까? 하는 등의 말도 주고받았다.

이런 대화를 나누고 있을 때, 갑자기 한 서양 아가씨가 등장하여 네덜란드 식구들과 포옹을 하면서 호텔이 떠나갈 듯 요란하게 서로를 반겼다. 알고 보니 이 아가씨는 열여덟 살의 장녀였다. 고등학교 졸업 후 의대진학을 앞두고 1년간 갭이어(Gap Year)를 신나게 즐기던 중 비엔티안에서 가족이 회동하기로 하여 왔던 것이다.

우리에게 서서히 익숙해지고 있는 갭이어는 1960년에 영국에서 시작되어 각국으로 퍼져나갔다. 갭이어는 대학에 진학하기 전 1년 또는 그 이상을 봉사활동이나 여행, 인턴, 창업, 교육 등을 통해 진로를 탐색하며 자신이 나아갈 방향을 찾는 기간이다. 갭이어를 경험한 학생들은 대학 중도포기율이 낮고 학업 성취도가 높다고 한다.

작은아들에게 물었다. "너도 갭이어를 할 걸 그랬지?" 그러자 "언스쿨링하면서 갭이어 그 이상을 얻었는데 왜 갭이어가 필요했겠어요."라고 대답했다.

작은아들은 초등학교 때부터 몇 년간 학교를 안 다녔다. 그 기간 동안 혼자 놀며 그림도 그리고, 랩도 부르고, 색소폰도 불고, 창업을 하겠다며 백방으로 뛰어다니기도 했다. 그러던 어느 날, 공부하란 소리 전혀 안 하고 자신을 내버려두는 부모가 해도 해도 너무하다며 미국으로 보내달라고 했다.

작은아들은 나와 함께 2010년 2월부터 3월 중순까지 아프리카와 유럽 11개국을 여행한 후 미국으로 갔다. 몇 년 놀다가 학교엘 가니 공부가 그렇게 잘 될 수가 없었단다. 대다수의 아이들이 학교에 다니고, 소수의 아이들이 홈스쿨링을 할 때 작은아들은 스스로 언스쿨링을 했던 것이다.

교실수업이 아니라
평생교육

    7월 21일. 어제는 이곳 비엔티안의 빠뚜
싸이(Patuxai)를 다녀왔다. 빠뚜싸이는 60년 동안 프랑스의 식민지였
던 라오스가 1953년 프랑스로부터의 독립을 기념하기 위해 1958년
에 세운 건축물이다. '승리의 문'이란 뜻의 빠뚜싸이는 파리의 개선
문을 본 따 지었다.

    불교국가답게 빠뚜사이로 오가는 길엔 금빛 불상과 탑들이 즐비
한 불교사원이 많았다. 금박을 입힌 성물들을 보니 아론의 금송아지
상이 떠올랐다. 그러면서 '지금은 이 세상에 존재하지 않는 금송아지
상과 이곳의 금박성물 중 어느 것이 더 의미 있고 예술적으로 탁월할

까?'라는 궁금증이 들었다.

아론은 위대한 리더 모세의 대변인이었다. 말주변이 없던 모세 대신에 화려한 언변으로 모세의 리더십을 대변했다. 그런데 모세가 시내산으로 올라가 보이지 않자 이스라엘 백성들은 불안에 떨었다. 그러자 아론은 "금송아지를 만들어 섬기자!"고 이스라엘 백성을 선동했고, 이스라엘 백성들은 가지고 있던 금을 녹여 송아지 상을 만들어 우상으로 섬겼다.

아론의 속셈은 뻔했다. 모세의 스피커 역할만 하던 자신이 인격적이고 신적인 권위를 가진 리더가 되어 스스로 결정을 내리고, 선포하고 싶었던 것이다. 백성들의 속셈 역시 얄팍했다. 자신들의 재물로 금송아지 상을 만들어냄으로써 자신들에게도 무언가 특별한 것이 있음을 증명하고 싶었던 것이다.

이렇게 두 속셈이 죽이 맞아떨어져 만들어진 금송아지에 무슨 예술성이 있겠으며, 경외감이 있을 수 있겠는가. 하지만 이곳의 금박 성물들은 라오스 사람들의 마음에서 우러나온 불심으로 만들어진 것이어서 아론의 금송아지 상에 비해 더 의미 있고 예술적으로도 우월하지 않을까 하는 생각을 해보았다.

안타깝게도 오늘날 한국에는 세속적 성공에 눈이 먼 아론과 같은 부모와 그런 부모의 말만 잘 따르면 잘 살 것이라 생각하는 이스라엘 백성 같은 자녀의 이해가 맞아떨어져 금송아지 상이 여기저기서 만들어지고 있다.

부모는 자녀에게 금박을 씌워서 키우려 하면 안 되고, 자녀를 우상화해서도 안 되지만, 자식에게 금박 씌움으로 인해 자신에게 특별한 무언가가 있음을 만천하에 증명하려는 심층 우상질을 해서는 더더욱 안 된다. 특히, 금박 씌움의 대가로 자녀를 통제(manipulation)하려는 부모는 자신과 자녀에게 폭탄 조끼를 입히는 것이나 다름없다.

이렇게 자란 자녀는 부모의 희생양일 뿐, 이들에게 도전정신과 창의성은 물론 건강한 리더십과 사회와 국가에 대한 책임을 전혀 기대할 수 없다.

교육에는 두 가지 유형이 있다. 성공공식을 제공한다는 복잡한 속셈이 얽힌 지금의 교실수업(Schooling)과 하나님께서 주신 재능과 가능성을 스스로 끄집어내도록 도와주는 교육(Education)이다.

부모는 하나님이 자녀에게 주신 모든 것들을 스스로 '밖으로(e)'+'이끌어낼(duco)' 수 있는 환경을 제공하는 청지기이어야 한다. 이런 환경에서 자란 자녀는 이 땅의 소금과 빛이 될 것이다.

숨어 있는
자이언트들

　　7월 23일. 오전 11시 30분경 인레이크(In-
lake) 식당에서 박 사장 부부, 김 사장 부부와 함께 점심식사를 했다.
비엔티안 근교에서 양돈사업으로 성공한 김 사장 부부는 수익의 대
부분을 지역의 가난한 이들에게 양돈 사업을 전수해주는 일에 사용
하고 있다. 양돈에 관심이 있는 가난한 이들에게 2주간 무료로 양돈
교육을 시킨 후, 이 과정을 수료한 모든 사람에게 자돈(새끼돼지)을 다
섯 마리씩 무료로 나누어주어 양돈 사업을 시작하게 한다. 이렇게
몇 년이 지나니 양돈을 통해 경제적으로 자립한 사람들이 제법 많아
졌고 마을 전체가 양돈 사업으로 수익을 올리는 곳도 있다고 한다.

지난 3월 이곳 비엔티안에 왔을 때 박 사장의 안내를 받아 김 사장 댁을 방문했다. 축사를 둘러보기도 하고, 사모님께서 정성스레 차려주신 점심식사를 같이 하면서 이미 교제를 가졌던 바이다.

박 사장 부부와 김 사장 부부는 내가 참으로 존경하는 사람들이다. 내가 이들을 존경하는 이유는 이타적인 삶 때문이기도 하지만, 성품이 더 큰 이유이다. 늘 자기를 낮추면서 타인을 높이고 배려하며 섬기는 이들과 잠시라도 함께하다보면 누구라도 이들을 존경하지 않을 수 없다. 이들은 뱀과 전갈과 동거하다시피 살아가야 하는 가난한 지역에서 전혀 자신들을 드러내지 않고 묵묵히 세상을 밝히고 있다.

이런 사람들은 절대 알려져선 안 된다. 이들의 삶이 하나님을 위한, 하나님의 백성을 위한 사역이기 때문이기도 하고, 우리로서는 결코 이해할 수 없는 하나님의 깊고 위대한 계획이 숨어 있기 때문이기도 하다(전 9:13~16). 우리는 이들이 바로 그 자리에서 그대로 살아가도록 전략적으로 보호해야만 한다.

오늘 비엔티안에서 만난 네 사람이 바로 이런 사람들이다. 너나 할 것 없이 자신을 알아달라고 발버둥치는 이 세상에서 이들처럼 숨어있는 자이언트를 알고 있다는 사실만으로도 나는 행복하다.

조각과 소조

　7월 24일. 어제 오후 라오스의 비엔티안 공항의 출국심사대를 통과하고 탑승게이트 근처에 있는 카페에 앉아 있을 때였다. 두 돌쯤 돼 보이는 한국 꼬맹이 하나가 사람들 사이를 뛰어다니며 소란을 피우고 있었다. 다들 불편해 하는데, 아이의 부모는 웃음 가득한 얼굴로 아이를 바라보고 있었다.

　유대인 랍비, 유럽과 미국의 학자들에 의하면 아이들이 제멋대로 구는 버릇은 생후 36개월 이전에 고쳐야 한다고 한다. 부모와 자식의 입장에서는 참으로 힘든 일이지만, 끌과 정으로 아이의 잘못된 행동을 깎아내야 한다. 특히, 공공장소에서 무질서하게 행동하고 떼를 쓰

예수께서 제자를 양육하실 때, 조각기법과 소조기법을 사용하셨다. 베드로의 경우는 장차 사도가 될 인물로 키우기 위해 그의 거칠고 모난 부분을 정으로 쪼고 끌로 깎아 다듬었다. 반면에 사도 요한의 경우는 주께서 사랑을 입히고 붙여서 완성했다.

는 행실은 반드시 바로잡아주어야 한다.

조각품을 만드는 방법은 전통적으로 두 가지가 있다. 정으로 쪼거나 끌로 깎아 만드는 조각(carving)이 있고, 뼈대에 흙이나 종이 등의 살을 붙여서 만드는 소조(modeling)가 있다.

예수께서 제자를 양육하실 때, 조각기법과 소조기법을 사용하셨다. 베드로의 경우는 장차 사도가 될 인물로 키우기 위해 그의 거칠고 모난 부분을 정으로 쪼고 끌로 깎아 다듬었다. 반면에 사도 요한의 경우는 주께서 사랑을 입히고 붙여서 완성했다.

자녀를 키우다 보면 깎아내야 할 것이 분명히 보인다. 무엇보다 아이들이 떼쓰는 것은 정과 끌로 가차 없이 깎아내야 한다. 세 살 이전에 이걸 깎아내지 못하면 이 아이는 자기 통제력을 잃어 평생 독불장군이 된다. 이렇게 되면 무모한 도전과 시도를 하다 사고를 치는 일이 평생 반복된다. 나이가 들어서도 자주 다치거나 사고를 치는 이들은 대부분 세 살 이전에 자아가 깎이지 않았기 때문이다.

자녀를 키울 때 깎아내야 할 것이 있다면, 덮고 품어주어야 할 것도 있다. 내성적이거나 의기소침하여 자기 의도와 생각을 표현하지 못하거나 그러하기를 망설이는 아이들이 있다. 이런 아이들이 자기 의견을 말하는 데 망설이지 않도록 부모가 도와주어야 한다. 다그치거나 혼을 내면 역효과를 낼 가능성이 매우 높다. 이런 경우 사랑과 인내로 끝없이 기다려주어야 한다. 자녀들이 실수를 하거나 개인적으로 나쁜 짓을 할 때도 사랑으로 용서하고 품어주어야 한다. 예수께서 요한을 사랑으로 품어 주었듯이 말이다.

하나님께서는 부모를 이용하여 자녀를 깎아내기도 하고 품어주기도 하며 우리의 자녀를 성장－성숙시킨다. 부모는 하나님의 종이며 자녀의 청지기이다. 이 사명에 감격하며 헌신하는 부모들에게 하늘의 복이 임한다.

자녀에게 금박을 씌우고 그 모습을 우상화하거나, 자신의 노고와 능력에 도취된 몰지각한 부모들을 보면 하늘의 복을 제 발로 걷어차는 것 같아 참 안쓰럽다.

> 아이의 잘못된 의지를 계속해서 단호하게 바로잡아 주는 일은 보통 힘든 일이 아니다. 그러나 아이에게 순종을 요구하며 싸우기보다는 쉽게 포기하고 편안한 쪽을 택하는 사람은 뒤늦게 그게 얼마나 심각한 문제로 이어지는지 알고 후회하게 될 것이다. (요한 크리스토프 아놀드)

독수리는
수영하지 않는다

여행을 하다보면 장기간 여행을 하는 다
양한 연령층의 사람들을 만나게 된다. 그중에는 일찍 은퇴하여 전 세
계를 여행하는 부부도 있고, 학교에 적응하지 못하는 10대 자녀를 데
리고 여행하는 가족도 있고, 군대를 제대하거나 학교를 졸업하고 사
회에 진출하기 전에 여행을 하는 젊은이들도 있고, 여러 이유로 사
회에 적응하지 못하고 뛰쳐나와 나름의 목적을 가지고 유랑하는 젊
은이들도 있다.

이번 여행에서는 특히 사회에 적응하지 못하고 떠도는 청년들을
많이 만났다. 나는 이들을 만나면 커피나 밥을 사주면서 이들의 이야

기를 무조건 들어준다. 내 경험상 어떤 이유로든 세상을 떠도는 이들에게는 하고 싶은 얘기가 많고, 이들을 가장 기쁘게 해주는 일은 이야기를 가만히 들어주는 것이라는 걸 알기 때문이다.

그런데 며칠 전 비엔티안의 한 카페에서 만난 청년은 남달랐다. 학교를 자퇴했다는 이 청년은 자기 이야기를 조금 하더니, 자기를 위해 좋은 말을 해달라고 청했다. 그래서 오래 전 어느 책에서 읽었던 '동물 왕국의 학교 이야기'를 해주었다.

동물의 왕국은 급변하는 세상에 적극적으로 대처하기 위해 학교를 설립하였다. 달리기, 오르기, 수영, 날기 등으로 커리큘럼을 짜고 모든 동물이 이수하도록 했다.

수영에 탁월한 오리는 달리기가 엉망이었다. 교사는 오리의 달리기 능력을 키우기 위해 방과 후 학습을 명했고, 오리는 달리기 과목을 패스하기 위해 전력투구하였다. 그리고 마침내 평균 수준으로 통과하였다. 그런데 문제는 달리기에 전념하다보니 자신의 주 종목인 수영 실력이 엉망이 되었다는 것이다.

반면, 달리기 국가대표인 토끼는 수영에는 영 소질이 없었다. 방과 후 학습을 명받아 열심히 노력한 결과 토끼는 가까스로 수영 과목을 통과했다. 그러나 달리기는 엉망이 되었다.

나무 타고 오르기의 천재 다람쥐는 달리고, 나는 능력이 없었다.

역시 교사의 방과 후 학습을 명받고 열심히 하여 달리기는 C, 날기는 D를 받아 패스하였다. 허나 그 대가는 치명적이었다. 자신의 장기인 오르기 기능이 퇴화된 것이다.

교사에겐 독수리 녀석이 가장 골칫거리였다. 달리고, 오르고, 수영을 배우라는 교사의 말에 전혀 응하지 않고 제 마음대로 했다. 교사는 독수리를 학교 부적응자라고 낙인을 찍었다. 독수리는 더 이상 배운다는 것은 자신의 재능과 야성을 파괴하는 짓이라고 생각하여 학교를 그만두고 하늘 높이 날아올랐다.

이런 식으로 학교를 자퇴하고 하늘 높이 날아올라 세계 PC업계에 대반란을 일으킨 독수리 삼인빙이 있다. 하버드 대학교를 중퇴하고 마이크로 소프트를 창업한 빌 케이츠와 리드칼리지를 자퇴한 애플의 스티브 잡스, 그리고 오스틴 의대를 자퇴한 델 컴퓨터의 마이클 델이다.

세계적인 갑부 대열에 오른 독수리들도 있다. 하버드 대학교를 휴학하고 페이스북을 창업한 마크 주커버그, 그와 룸메이트로 있다가 페이스북을 공동 창업한 더스틴 모스코비츠, 그리고 역시 하버드를 중퇴하고 마이크로 소프트의 271번째 직원이 되어 현재 억만장자의 대열에 오른 게이브 뉴웰이 있다.

고등학교를 그만두고 세상의 창공을 향해 날아오른 독수리도 있다. 300개 계열사를 거느린 영국 버진그룹의 리처드 브랜슨 회장이다.

이렇게 타인의 성공공식을 배우는 조직인 학교를 중도에 박차고 나와 하늘 높이 날아올랐던 독수리들이 전 세계 슈퍼리치의 25%를 차지하고 있다. 전 세계 1%에 드는 억만장자 네 명 중 한 명은 고등학교와 대학교를 중도에 그만둔 독수리들이란 말이다.* 광활한 세상을 마음껏 날아다니기 위해 학교를 중도에 포기한 이들은 학교를 마친 졸업생들에 비해 극소수일 텐데 이들이 슈퍼리치 중 25%를 차지하고 있다는 사실은 우리에게 시사하는 바가 크다.

이들 독수리들은 기존 시스템을 박차고 나와 새로운 시스템을 만들어 내는 시스템 창시자들이다. 이들의 특징을 잘 표현해주는 단어로는 '엉뚱한 아이디어', '창의력', '조직부적응'**, '자율성', '유연성'***,

---

* 2016년 4월 3일 파이낸셜타임스(FT)는 영국의 마케팅 조사업체 버브서치의 조사 결과를 인용해 전 세계 슈퍼리치 중 25%가 고등학교나 대학교를 자퇴했다고 전했다. 버브서치는 미 경제지 포브스가 매년 발표하는 세계 100대 자수성가 부자들의 학력을 조사해 이같이 발표했다.
http://news.khan.co.kr/kh_news/khan_art_view.html?artid=2016040411573
11&code=970100#csidx557271afe6d5b64aae9ef9d4cfdd373

** 스티브 잡스와 리처드 브랜슨처럼 조직에 적응하지 못하는 특징이 있다. 사실 조직에 잘 적응하는 이들에게 창조적인 혁신을 기대하기 어렵다.

*** 여기서 '유연성'이란 '한 가지 산업에 고집하지 않고 마구 옮겨 다닌다'는 의미이다.

'도발적 저지름' 등이 있다.

　지금까지 예로든 이들이 학교를 다니다 중도에 그만두고 세상을 향해 날아오른 독수리들이라면, 아예 학교를 가지 않고 자기가 하고 싶은 것에 집중하는 언스쿨러(Unschooler) 독수리들도 있다. 이 독수리들은 교사나 정부가 임의로 정한 커리큘럼 대신 스스로 배우고 싶은 것을 찾아 배운다. 대표적인 독수리가 2011년 언칼리지(UnCollege)를 설립하고 스스로에게 '최고교육일탈자'라는 직함을 부여한 스티븐스이다. *

　나는 긴 이야기를 마치면서 청년에게 말했다.

　"나는 청년도 독수리라고 생각하는데……."
　"네, 물론입니다. 아직 방향을 못 잡았을 뿐입니다."
　"좀 더 유랑해보면 찾을 수 있지 않을까?"
　"그럴 거라 생각합니다."

　아직 제 길을 못 찾은 청년과 헤어지고 호텔로 돌아와보니 두 아들은 수영을 하고 있었다. 수영하는 두 아들의 모습을 아내에게 화상으로 보여주면서 조금 전 카페에서 만났던 청년의 얘기를 해주었다.

---

* 알렉사 클레이 외 1인. 185~187쪽.

나와 아내는 두 아들이 '남이 가지 않는 길을 가는 영적 노마드로 시작하여 새로운 시스템 건설에 헌신하는 사명적 노마드로 살아야 한다'는 생각으로 두 아들을 양육했다.

　영적 노마드와 사명적 노마드는 기존 시스템의 바깥을 개척하여 새로운 시스템을 창시하는 독수리다. 때문에 부모는 우리가 속한 모든 시스템을 냉철하게 분별해야 한다. 국가, 사회, 학교, 교회, 직장, 가정이 우리에게 안전을 제공한다는 것을 빌미로 창의력과 도전정신, 그리고 야성을 사장시키려 한다면 부모는 이를 거부하고 자녀를 시스템 밖을 거침없이 날아오르는 독수리가 되도록 이끌어주어야 한다.

　물론 우리 부부가 모든 자녀들이 영적 노마드로 시작하여 사명적 삶을 살아야만 한다고 강조하는 것도 아니고, 영적 노마드로 세상을 높이 날아오르기 위해 학교를 자퇴하거나, 홈스쿨링, 셀프스쿨링, 언스쿨링을 해야 한다고 주장하는 것도 아니다.

　다만, 이러저러한 이유로 공교육에 적응하지 못하는 자녀들을 무작정 적응하도록 강요하지 말고, 다른 방식의 교육을 제공해주어야 한다는 것을 애써 제안하는 것이다. 수영 학점을 이수해야만 하는 학교에 독수리를 보내는 부모가 되어서는 안 되지 않겠는가 말이다.

원칙과 통로

       우리는 과거의 기억으로 현재를 보고 있고, 현재의 기억으로 미래를 볼 수 있다. 건강한 기억을 소유한 이는 현재를 건강하게 보고, 현재를 건강하게 보면 건강한 미래를 내다본다는 말이다.

    이번 두 달간의 여행은 나와 두 아들의 미래를 밝혀줄 밑거름이 되는 좋은 기억을 남기는 기회였다. 부자와 형제의 우의를 다지는 기회였을 뿐만 아니라 사명적 노마드의 인생을 살아갈 동지로서 의리를 다지는 기회였기 때문이다.

    이번 여행 중 우리 삼부자를 맞이하기 위해 공항에 나오고, 다시 그 공항을 통해 떠날 때까지 우리를 환대해준 참으로 귀한 사람들이 있다. 쿤밍의 D 부부, 최 사장, 강 사장 부부, 리장의 P 사장과 M 사업체의 직원들, 고원의 서 사장과 그 가족들, 방콕의 오 사장, 양곤의 E 그리고 C 부부, 비엔티안의 박 사장 부부.

또 우리에게 각종 편의를 제공해준 사람들도 있다. 호치민의 현 사장, 김병석 사장, David Lee 대표, 김태복 사장, 비엔티안의 김진수 사장, 태국에서의 스승님 그리고 이현국 대표 등. 이들의 섬김이 없었다면 이번 여행은 상상할 수 없을 정도로 힘들었을 것이다.

외국에서 살기도 하고, 이러저러한 일로 여행과 출장을 다닌 세월이 35년이 지나고 있다. 가는 곳마다 지인들을 만나고, 이들이 한국에 왔을 때 교제를 나누는 것을 적극적으로 했다. 그런데 일정이 너무 짧아 방문지의 지인을 모두 다 만나지 못하는 경우는 참으로 난감하다. 이런 경우를 많이 겪으면서 세운 원칙이 있다.

어디를 가든지 사전에 그곳에서 머무는 기간과 장소를 공개적 또는 사적으로 알린다. 멘토와 존경하는 분들께는 먼저 전화로 도착 사실과 함께 안부를 여쭙는다. 만나자 하면 무조건 찾아뵙고, 사정상 만날 수 없는 경우라면 전화로 안부를 여쭙는다. 매우 가까운 지인의 경우에는 여행지에 도착하여 도착 사실을 알리고, 내가 머무는 곳으로 찾아오기 힘든 상황이면 서로 연락을 주고받는 것으로 만남을 대신한다. 현지에 사는 지인들은 그곳 지리에 밝고 차편 등을 쉽게 이용할 수 있으므로, 대부분의 경우 이들이 나를 만나러 온다. 일반적인 지인들에게는 현지에 도착하기 전에 방문 일정을 알리기 때문에 전화나 메시지로 소통하는 정도로도 충분하다.

지인이 너무 많은 경우에는 현지에 머무는 동안 날을 잡아서 다 함께 모여 식사를 한다. 몇 년 전에 LA에서 지인들이 각자 밥값을 가지고 모여 내 썰과 한웅재 목사의 노래를 듣는 '썰-Cert'를 한 적이 있는데 나름 매력적이었다.

몸이 건강하다고 해서 사회적(관계적)으로도 건강한 것은 아니다. 매사를 합리적이며 성숙한 원칙으로 대하는 이가 사회적으로 건강한 사람이고, 이런 이들이 성숙한 사람일 가능성이 높다. 사회적으로 건강하고 성숙한 사람들의 공통저인 특징은 드러나지 않게 타인을 배려한다는 것이다. 때문에 이런 사람들 주위엔 늘 사람들이 많고, 세월이 가면 갈수록 더 많은 사람들이 모인다.

하나님은 사람을 통해 역사하신다. 당신 주변에 있는 선하고 성숙한 사람들이 바로 하나님께서 당신에게 복 주시는 통로이다. 물론 당신도 당신 주변에 있는 사람들의 축복의 통로일 가능성이 높다. 따라서 성숙한 관계란 서로가 서로에게 하나님의 축복의 통로가 되는 관계이다.

사회적(관계적)으로 건강하고 성숙한 사람이 되기 위한 원칙들은 어려서부터 몸에 배어들어야 하는데 그러려면 이런 원칙들이 지켜지는 가정에서 자라야 한다.

원칙이 없는 가정에서는 그 자녀가 원칙 없이 자라 일생을 원칙 없이 살면서 주변을 망친다. 또한 변칙적인 가정에서는 자녀가 변칙적으로 자라 일생을 변칙적으로 살면서 주변을 어려움에 빠뜨린다. 반면에 건강한 원칙이 있는 가정에서는 자녀가 건강한 원칙으로 자라 일생을 건강한 원칙으로 살며 주변을 행복하게 한다.

이번에 삼부자 여행도 이런 원칙으로 움직였고, 서로에게 하나님의 축복이 되는 귀한 관계들이 기뻐 춤추는 모습을 두 아들이 눈여겨보았다.

페리파토스

2016년 11월 25일 1판 1쇄 인쇄
2016년 12월 5일 1판 1쇄 발행

지은이 ㅣ 해리 김
펴낸이 ㅣ 이병일
펴낸곳 ㅣ **더메이커**
주 소 ㅣ 10521 경기도 고양시 덕양구 무원로 63 1009-305
전 화 ㅣ 031-973-8302
팩 스 ㅣ 0504-178-8302
이메일 ㅣ tmakerpub@hanmail.net
등 록 ㅣ 제 2015-000148호(2015년 7월 15일)

ISBN ㅣ 979-11-87809-00-5 (03230)
ⓒ 해리 김, 2016